〔波兰〕大流士·托马斯·莱比奥达 著

张振辉 译

永不熄灭的火焰

吉狄马加诗歌评传

人民文学出版社

图书在版编目（CIP）数据

永不熄灭的火焰：吉狄马加诗歌评传/（波）大流士·托马斯·莱比奥
达著；张振辉译. —北京：人民文学出版社，2021
ISBN 978-7-02-016749-4

Ⅰ.①永… Ⅱ.①大…②张… Ⅲ.①吉狄马加—生平事迹②吉狄马
加—诗歌研究 Ⅳ.①K825.6②I207.22

中国版本图书馆 CIP 数据核字（2020）第 252557 号

责任编辑　宋　强　王　晓
装帧设计　崔欣晔
责任印制　王重艺

出版发行　人民文学出版社
社　　址　北京市朝内大街 166 号
邮政编码　100705

印　　刷　三河市鑫金马印装有限公司
经　　销　全国新华书店等

字　　数　175 千字
开　　本　880 毫米×1230 毫米　1/32
印　　张　9　插页3
版　　次　2021 年 4 月北京第 1 版
印　　次　2021 年 4 月第 1 次印刷

书　　号　978-7-02-016749-4
定　　价　45.00 元

如有印装质量问题，请与本社图书销售中心调换。电话：010-65233595

目 录

诗歌是灰烬里微暗的火，透光的穹顶。

诗歌一直在寻找属于它的人。

——吉狄马加《诗歌的起源》

序 章

一　遥远的距离

波兰和中国因为相距十分遥远，许多世纪以来，两国之间的文学和知识内容的交流一直处于很低的水平，完全不能展现这些文化和艺术的真实的灵感。我们国家所得到的信息都是被歪曲了的，而且来到我们这里也总是昙花一现、瞬息即逝的，即便能够得到较多的信息，不管是从分析的角度，还是从语言学和直观的角度，都对它们作了另一种解释。波兰最伟大的诗人亚当·密茨凯维奇[1]的一部名为《未来的历史》的已经遗失了的著作，可以说就是这种没有深化的报道的表现，它的作者把中国人看成是欧洲的侵略者。这种灾祸论的观点作者首先是从俄国文化中借鉴来的，比赫伯特·乔治·韦尔斯[2]提出这样的观点要早得多，但这种观点的提出没

----

[1]　亚当·密茨凯维奇（1798—1855），波兰最伟大的爱国主义和浪漫主义诗人。译者注。

[2]　赫伯特·乔治·韦尔斯（1866—1946），英国作家和社会学家。译者注。

有任何政治基础，因为中国这个时候在世界上并没有起很重要的作用。关于密茨凯维奇的这部著作的内容我们从安东尼·爱德华·奥迪涅茨[1]一本回忆录中，从密茨凯维奇的一些朋友和他的书信中，也从他对民族救世论时期的一些描写中都可以了解到。在这个时期，他一般都把波兰描绘成各民族的救世主耶稣基督的形象，面对东方（不管是俄罗斯、蒙古还是中国）的大规模的侵犯要拯救欧洲。这种幼稚的观点因为受到了这位波兰大诗人的一些朋友和学术评论家们的批评，使得他把很多这方面的文章手稿全都销毁了[2]。但是他的这种观点在巴黎经过不断地普及造成的影响，在

----

〔1〕 安东尼·爱德华·奥迪涅茨（1804—1885），波兰浪漫主义诗人、回忆录作家，密茨凯维奇的好友。译者注。

〔2〕 在十九世纪上半叶，也就是亚当·密茨凯维奇生活和创作的那个年代，波兰被俄罗斯、普鲁士和奥地利三国瓜分亡国，当时有许多波兰的爱国志士都流亡到了巴黎和法国其他一些地方，大家对如何恢复波兰的民族独立也有不同的看法，还形成了不同的派别。密茨凯维奇在1832年7月也来到了巴黎，这一年12月，他匿名出版了一部著作：《波兰民族和波兰朝圣之书》，就是针对这种情况写的。密茨凯维奇认为，波兰民族的朝圣说明它消除了内部分歧，能够团结一致，但要以基督精神改造国民，使国民在道德上自我完善，只有这样才能拯救波兰。诗人想以爱国主义和自由平等的思想以及基督教的博爱精神教育人民，以争取波兰的民族独立，也使全世界人民从封建专制主义的压迫下获得自由。但这只是一种幻想，虽然他得到了波兰流亡者中宗教人士的赞赏，说"作者以福音书的形式表现了这个宗教和爱国主义的思想。波兰为自由而死去，拯救了欧洲的民族，就像基督为自由而死去，拯救了世界一样"。后来波兰人称这为密茨凯维奇的"波兰民族救世论"。但这在当时就遭到了一些激进的波兰民主主义者的反对，说他所宣传的"天主教系统所造成的后果对波兰是有害的"，它"阻止我们的流亡者对波兰未来的状况所进行的一切探索，要我们虔诚地袖手旁观"。而密茨凯维奇本人后来也改变了他的这种观点，亲身投入到了波兰的民族解放斗争中，为此做出了很大的贡献，而他自己也付出了很大的牺牲。译者注。

以后的文学发展的各个时期，特别是在对于波中关系一般的理解中依然可以感觉得到。直到今天，在知识阶层中依然有人存在着一种看法，认为欧洲将会受到中国莫名其妙的大规模侵犯。在毛泽东时代，有人开玩笑地说：中国人将会占领红场，然后来到波兰，用他们富有特色的带有红星的军帽把波兰覆盖起来。1995 年，波兰著名的汉学家米叶奇斯瓦夫·耶日·金斯特在他的一部非常好的作品《马尔策尔·格拉内特评传》的序言中，对于我们和东方的相互关系是这么写的：

> 对东方的兴趣在我们国内并不是什么新的东西，说真的，这种倾向几百年来都主要是针对近东的，但是我们和远东的交往的传统比我们第一眼见到的要深远些，它也比我们和一些近东国家的交往要古老些。因为我们有充分的根据，可以认为蒙古人的进犯，我们称为鞑靼人对我们的进犯，不仅给国家造成了毁灭，也使得我们对东方文明的某些因素有了许多了解。

> 和远东一些国家的交往虽然有这么古老的传统，但是在我们的社会中，对它们却只有一些很模糊的概念，经常局限在对某一组有趣的细节的了解，而并没有建立在对历史和文化知识领域深入研究的更加坚实的基础上。今天大家认为，中国作为远东最大的国家不仅在亚洲，而且在世界的政治格局中已开始发挥越来越重要的作用，这样就给波兰的读者至少提供了一些基本的信息，说明对于这个国家毫无疑问是要作出正确的反映的。[1]

----

〔1〕 米叶奇斯瓦夫·耶日·金斯特：《中国文明》，1995 年，第 9 页。

金斯特促进了我们和远东在文化知识上的紧密联系，他还撰写了大量的学术著作，首先是对中国的语言、文化和宗教进行了深入的研究[1]。在波兰，虽然有五所大学的中文系对中国的现代文学一直没有进行系统的研究，但是这种状况并不能改变在莫言和铁凝这样一些中国最著名的作家在他们出版的书的序和前言中所说明的事实：前者2012年获得了诺贝尔文学奖。这里提到的铁凝是一位心理学流派的女作家，一位获诺贝尔奖的日本作家曾经毫不犹豫地认为她是世界上最杰出的女作家之一。

二　病态的阐释

遗憾的是，在波兰一直没有一部对中国最古老时期到现今的文学发展进行全面介绍的大著作，因此我们也就无法了解那些说明了每一个作家地位的庞大的很有价值的选集，和在这个民族文化史上不同时期所起的作用。这里能够提到的，只有1901年在波兰出版的唯一的一本中国文学史（包括日本文学）[2]，我们今天很难说

----

〔1〕 他的著作有《波兰和中国的谈话》（1966）、《中国作品》（1970）、《中国最初的世纪》（1972、2007）、《中国的格言》（1977）、《孔夫子的事》（1983）、《中国神话》（1985、2001）、《中国的建筑传统》（1986）和它的中文版（1991）、《中国的艺术》（1991）、《中国文化史》（1994）、《中国艺术小词典》（1996）和《汉语》（2000）等。译者注。

〔2〕 指尤利扬·阿多尔夫·希文奇茨基（1848—1932）撰写的《中国和日本文学史》。译者注。

它是一本现代文学史[1]，但是它的作者是一个高手，他能够把所有关于这个国家和它的语言、文化的信息都收集起来，然后在这个基础上根据需要再作一些补充，从而写成了这样一部著作。此外，我们还能读到希文奇茨基关于中国的长城和大运河、乐器和歌曲的著作。一些对文学的研究和分析转向了对孔子和老子的哲学著作的研究。许多这样的著作虽然接触到了中国人的习性和拥有四万万子民的皇帝这样的论题，但是它们研究过于一般化，是不科学的：

> 中国人是一个最最保守的民族，他们习惯于保持最原始的生活方式，不管什么样的进步都只有在适合这种生活方式的前提下才能够接受，不能逾越那永远不变的界限。中国人一点儿也不追求他们的精神力量的全面发展，保持和谐的状态，而只是要求它的单一化。这种单一化的姿态在许多方面都占统治地位，阻碍了这种精神的自由发展，这就不能提高它的水平，而只能使它保持一种平庸凡俗的状态。中国这个国家的基础是家庭，这个家庭的创造是一个男人在结婚后最神圣的职责，也是土地赋予他的使命。一个家庭的最大的幸福是有了儿子，家庭的首脑是父亲，就像一个国家的首脑是皇帝一样，皇帝是四万万子民的父亲。[2]

----

[1] 最近出现的这一类的著作有 W. 雅布翁斯基主编的规模不大的《中国文学作品选》，1959 年在华沙出版。

[2] 尤利扬·阿多尔夫·希文奇茨基：《中国和日本文学史》，华沙，1901年，第 66 页。

如果我们认为，关于皇帝的子民的说法只是一个比喻，那么那种过于单一的说法和对文学作品的分析越来越多地只注意它所描写的事件发生的地理位置和反映的宗教思想都是不能令人满意的。如果把孔子的哲学著作和孟子对于孔子的阐释都当成是文学作品，那也走得太远了，就好像莫名其妙地走进了一个动物园。在这种情况下，希文奇茨基就不能算是一个文学史家了。

　　从他那时开始，世界汉学的研究已经有了很大的发展，虽然没有把《书经》的作者说成是孔子，但是人们都认为《诗经》和《礼记》这些很早就产生了的著作是属于儒家的。《中国和日本文学史》的作者对这些著作都进行了分析和研究，但他主要是介绍它们的内容，根本没有谈到它们的文学价值。在分析孟子、老子和道家的著作时，他也把其中的哲学和宗教思想的内容当成是属于文学的东西来进行研究，这种方法当然是值得怀疑的。这部文学史中有一系列很长的引文，作者只是根据西方的汉学家们作出的一般性的结论，对它们作了一些粗浅的分析：

　　　　在所有的艺术中，诗歌在中国是人们最喜爱的和最普及的。在这里，大家都写诗，但正因为这样，真正的诗在中国并没有产生。说实在的，中国人写的诗在我们看来，只具有和中国音乐一样的艺术价值，它高过于后者只是它反映了历史和习俗的内容。我们在上面已经说了，一个中国人如果要应试，就一定要写诗。这个事实就充分地说明了中国人对于诗歌创作是个什么样的概念，每个要写诗的人都是这样……所有最重要的著作、所有的剧作和长篇小说等都掺杂着一些诗，这些诗当然都是一些押了韵的散文。诗歌首先要有幻想，这个中国人没有，此外还有那些能够产生幻想的因素，中国人也完全不具备。中国人的性格是讲实际的，他们的心思只关注于日常的事务，是一种散文的体现。他们即使有幻想，也很贫乏和冷漠，这种幻想不会出现在上等的作品中，因为它不能爆发任何一种火花，使别的民族的人产生灵感。我们看到，宗教信仰没有使中国人写出任何令人心醉神迷和富于诗意的情节。在日常生活中，一个女人就是一个非常下等的工具，她表现不出任何能够产生诗的激情的活泼和积极的因素。在社会生活中，一个中国人就是一台机器，按照永远不变的程式转动，这种不变的程式不能提供任何创作的热情和力量，也不能发现知识领域中新的天地。最后要说的是，中国人是一个爱好和平的民族，他们从来都不敬仰那些战争中的英雄，可是这些英雄却以他们的行动能使各民族的诗人产生了幻想。[1]

读到这一段话，我们就会想到它的作者到底知不知道什么是文学？他了解过很多世纪以来中国诗人的一些杰作没有？有趣的是，他对密茨凯维奇在诺沃格诺德克的一所多米尼克教派[2]的学校里接到了一个要写一首诗的任务是怎么报道的？希文奇茨基武断地认

----

〔1〕 尤利扬·阿多尔夫·希文奇茨基：《中国和日本文学史》，华沙，1901年，第219、229页。作者最后的这种说法当然不对，特别是这篇引文的结尾，请看吉狄马加在接受荷马勋章的典礼上发表的讲话中，对这是怎么说的。译者注。
〔2〕 也称多明我会，为天主教托钵修会之一，1215年由西班牙人多明我创立于法国的图卢兹。译者注。

定中国的诗不接触现实，也没有幻想，说这是因为在很早很早以前就有一个要表现轻巧和细腻的标准，特别是要表现对宇宙和大自然的美。在谈到大自然时，作者虽然没有表现那么极端的看法，但是他所得出的结论，仍然是令人意外的：

> 在一个中国的诗人看来，只有一种自然现象具有特殊的魅力，在他所有的诗歌作品中都有反映，但是对于自然的这种感受依然是很肤浅的。因为中国的诗人虽然很注意对大自然产生的各种不同现象进行观察，但他们并没有通过幻想的三棱镜去进行观察，只有通过幻想的三棱镜才能看得更深，才能使他们的诗歌富有色彩。在中国的诗中，一切都说得明明白白，很有规律，但是平凡，没有色彩。[1]

没有必要再去引用希文奇茨基根据他任意选的几个中国诗人的作品发表的这些看法了，因为这里不管在什么情况下，都表现出他的不满和自命不凡，这是一个欧洲作者的难以理解的高傲，认为西方文学比来自中国作者的作品要高一等。

三 新的研究

幸好波兰现代的汉学家们都很真心实意地热爱中国文学，他们始终不渝地让它更加接近我们的读者。华沙大学的爱娃·帕希尼克

---

[1] 尤利扬·阿多尔夫·希文奇茨基：《中国和日本文学史》，华沙，1901年，第220、221页。

可能是就中国文学荒诞表现的问题，有意要和希文奇茨基进行争论，她举了一部珍贵的杰作《搜神记》[1]，原为公元四世纪的干宝[2]所著，后经胡应麟再次辑录。[3] 希文奇茨基认为中国人和他们的作品缺乏荒诞意识，可是这个波兰年青一代的汉学家持反对立场，她认为：

> 这本书不仅是要向波兰的读者介绍其中描写的每一个故事的内容，而首先是要拉近它产生的背景和我们的距离，使我们能够了解这些笔记的产生有过什么样的复杂的经历以及它们的丰富的内容。这样我们不仅能够认识受到高度评价的中国古代文献历史编纂的传统，而且也对充满了神灵、鬼怪和天仙的描写的中国的民间文学有更多的了解。由于《搜神记》在历史文献中，或者在中国和西方的纪实文学中的特殊地位，它至今依然被认为是一部被称为"奇怪小说"最有代表性的故事集，是中国虚构散文的开端。同时要注意的是，这里还有一个例外的情况，就是它的原著已经佚失了，没有办法说清楚这部重新编纂的著作保持了原著的多少个片段。[4]

----

〔1〕 爱娃·帕希尼克：《中国的灵魂和魅力，即〈搜神记〉》，华沙，2013年，第9、10页。
〔2〕 干宝，东晋史学家、文学家，勤学博览，并好阴阳术数。著有《晋纪》，时称良史，今已佚，又编集神怪灵异故事为《搜神记》，原书已佚，今存本为后人辑录。译者注。
〔3〕 胡应麟（1553—1602），明代文学家，著有《少室山房类稿》《诗薮》和《少室山房笔丛》等。译者注。
〔4〕 爱娃·帕希尼克：《中国的灵魂和魅力，即〈搜神记〉》，华沙，2013年，第9、10页。

华沙的这位女研究家的这部著作展示了中国文学真正的丰富性，弄清楚了《搜神记》的历史文化、文学和民间的三种基本的文本，正确地说明了它的原作者在信息报道、道德说教和制造恐怖或逗笑的真实意图。这里还有一个很重要的补充说明：她的这部著作中最有价值的是有些章节把《搜神记》看成是一种文学和文化的以旧换新，而且也说明了神话、偶像崇拜和原始的宗教仪式之间的关系。这部新时期的汉学著作说明了它在以后一系列的年代，都将有助于波兰研究中国的学科发展。我们在这里选了其中的一段，它还不是她的这部著作中表现科学研究的热情的唯一例证。作者在这里用以旧换新的概念说明了干宝的这些荒诞的笔记：

事实上，不论文学或者（更加广泛地说）文化作品的每一种文本都和它们的别的文本有关系，它会包含着它以前的文本的内容，这就会使得它表现各种不同的水平。这不论在米哈伊尔·巴赫金[1]谈论文本中运用对白，还是茱莉亚·克里斯蒂娃[2]谈到文本之间的关系的时候都是这样。但是《搜神记》里的情况却不一样，这是一部特殊的非常值得研究的作品，它的结构具有众多的层次是因为它是经过两次编撰而完成的。这样在它形成的过程中，就有两次能够在文学和文化方面吸取外来的东西，所以这些搜集起来的反映了超自然现象的笔

----

〔1〕 米哈伊尔·巴赫金（1895—1975），俄罗斯现代文学理论家。译者注。
〔2〕 茱莉亚·克里斯蒂娃（1941— ），法国女作家，新精神分析思想家，她到过中国。译者注。

记既是热拉尔·热奈特[1]理解的文学上的以旧换新，也是彼得·科瓦尔斯基[2]理解的文化上的以旧换新。[3]

帕希尼克在这方面的研究具有开创性所以受到欢迎，还因为作者对于纪实文学，不论用英语写的还是中文写的都有广泛的了解。我们到今天虽然对文学进行了广泛的研究，有很多研究著作，但是在中国的学者们面前，也没有什么值得骄傲的。不过情况在迅速地改变，特别是一些波兰大学的汉学系已经被许多中学毕业生包围起来了，将来他们也会研究中国的现代诗歌，它一点儿也不比像陶渊明、王维、李白及杜甫这些诗人的作品差。我在这里提到的帕希尼克的这部著作还指出：除了像北岛这样在西方已经很有名的诗人和已经获得了诺贝尔奖的作家外，在中国，还有很多和传统文化有联系的作者都投入到了新诗创作的领域中，吉狄马加就是其中的一个。他是当今一位很有名的诗人，出身彝族，是中国许多国际文学盛会的组织者，他的作品已经翻译成几十种世界各国的文字。

----

[1] 热拉尔·热奈特（1930—2018），法国现代文学理论家，是二十世纪六十至八十年代法国结构主义新批评的代表人物。译者注。

[2] 彼得·科瓦尔斯基，波兰的漫画作家和艺术家。他漫画作品有《黑暗之魂》《巫师》等。译者注。

[3] 爱娃·帕希尼克：《中国的灵魂和魅力，即〈搜神记〉》，华沙，2013年，第30页。

四 伟大的开放

中国的诗歌非同一般地多种多样，这是因为这个国家在不同的历史时期分成了许多不同的部分，此外它也是一个超过了五十个民族的聚合体，这些民族运用不同的语言，继承了许许多多的文化传统。还有这种诗歌的创作长时地处于孤立的状态也是一个很重要的原因，正像托马斯·温茨洛瓦[1]说的那样：

> 中国的文学以各种独特的方式经过几百年甚至几千年的发展，几乎完全是和西方传统隔离的，这是因为它产生于一个处于孤立状态的地区（长城就是这种隔离的象征），此外还有这里特殊的社会结构和它的象形文字的独特性。但是从另一方面来说，中国文化也影响了远东另外一些文化的发展，对它们的发展甚至有决定性的作用。中国古代的抒情诗从一些典范的作品开始，就影响了这些国家文化的发展，像屈原、陶渊明、李白和杜甫这样的诗人都是中华民族能够引以为自豪的对象，这些诗人在世界文化中占有可以和荷马、贺拉斯相比的重要地位。但是在西方，直到十七世纪，中国的经典作家都是不为人知的。[2]

----

〔1〕 托马斯·温茨洛瓦（1937— ），立陶宛诗人、学者和翻译家。译者注。

〔2〕 引自托马斯·温茨洛瓦《吉狄马加诗集，黑色和寂静》的前言，这部诗集由 T. 列皮约达从英文转译，2018 年在波兰比得哥什出版，引文见该书第 5 页。

孤立对中国有很大的好处，但是对欧洲的汉学研究（主要是德国、英国和俄国这方面的研究工作），后来对美国这方面的研究工作，都造成了很大的负面影响，因为学者们，像波兰这个古怪的汉学家希文奇茨基，都自己开辟了一条道路，要一次就去到所有的地方。封闭国界，不作综合性的研究，就会产生一些奇怪的著作，充满各种异端邪说，把许多哲学和宗教的内容都用在对文学的认识和研究中，所有这一切都源于不理解东方的意识形态和思想方法：

> 在这条道路上，东方意识形态的研究家们就了解了那些能够把世界和我们的意识"内部联系起来"的因素之间的相互依从关系和它们的微妙之处。而这在西方在很大的程度上都是不为人知的，至于如何确定这些因素的性质也没有任何概念。根据自己的经验，因为缺乏东方的智慧源头对于一些术语的认识，西方的学者们广泛地运用了思辨、阐释和反映的手法，他们即使在自己的两部不同的著作中，对于这些术语的理解也都是不一样的，即便真的是根据自己的经验获得的知识，用语言表达也经常是不一样的。应当注意的是，长期以来，几乎每一个西方的学者都有自己对亚洲语言学习的方法，因此对于每一个术语的含义都有完全不同的表达方式。[1]

在后来的几百年，情况开始慢慢地有了改变，变得更加明朗，

---

〔1〕《东方智慧百科全书》，S.舒赫马切尔和 G.俄艾尔内尔主编，米叶奇斯瓦夫·耶日·金斯特译，华沙，1997 年，第 6 页。

因此出现了一个伟大的开放，像温茨洛瓦说的那样：

> 在十九世纪，特别是在二十世纪，出现了一个双方面的伟大的开放：欧洲和美洲对中国产生了兴趣，中国对欧洲和美洲也产生了兴趣。远东的诗学开始对世界现代文学产生了影响，西欧、美国和俄罗斯或者波兰的新的流派艺术渗透到了中国的文化中，但不管是前者还是后者的出现在时间上都已经很晚了。阻碍这一过程出现的不仅是两种文化完全不同的性质，也是因为中国进入新时期曾经走过而且现在仍要经历一条非常艰难和曲折的道路。[1]

所有的汉学研究都一定要考虑到欧洲文化和东方文化的不同，在每一次对它们的研究中，都要有一种我们和中国的距离感。米叶奇斯瓦夫·耶日·金斯特的一段对于欧洲和中国人的潜意识的综合性的分析能够很好地证实我们作出的这个结论：

> 生活在一个面积不很大的国家里，这里的文化领域范围比我们的国家小，或者略大一点。我们的潜意识也没有接触到很大的范围，对它的运用会受到环境的限制，根据历史的要求来形成它的规模。我们的习惯告诉我，在一些较大的城市中心，那些许多世纪以来都闪耀着绚丽的光彩的文化中心，相互之间距离并不遥远，因为这些城市之间的距离很少超过三百公里。这些文化中心说真的，都在欧洲中部。我们

---

[1] 引自托马斯·温茨洛瓦：《吉狄马加诗集，黑色和寂静》的前言，见该作品第5、6页。

来看一下地图，在文艺复兴时期，一个年轻人从首都克拉科夫去意大利的一些大学参观旅游，去威尼斯要经过布拉迪斯拉发〔1〕、布尔诺〔2〕、维也纳、格拉茨〔3〕、克拉根福〔4〕，它们之间都相距不远。从另一个方向来看也是一样，像克拉科夫、奥波莱、弗罗茨瓦夫、布拉格、拉蒂斯邦〔5〕、幕尼黑〔6〕等城市也距离很近。在意大利北部，一些城市之间，可以徒步来往，因为这里常常不超过五十公里。从威尼斯到帕多瓦和它的那所著名的大学只有二十公里，从这里到离它最近的埃斯蒂的费拉拉〔7〕的一所大学只有六十七公里。从费拉拉到教皇的博洛尼亚和它的大学只有四十六公里。下面是美第奇〔8〕的佛罗伦萨和它的大学，距离博洛尼亚一百公里。还有附近的锡耶纳，从佛罗伦萨〔9〕到那里七十六公里。

要到这些大学里去学习知识，并不要走很远的路，一个贵族

----

〔1〕 在捷克。译者注。
〔2〕 在捷克。译者注。
〔3〕 在奥地利。译者注。
〔4〕 在奥地利。译者注。
〔5〕 在德国。译者注。
〔6〕 在德国。译者注。
〔7〕 Esty公爵的家族在十三和十四世纪一直是意大利费拉拉共同的统治者，非常关心文艺事业的发展。
〔8〕 罗棱佐·美第奇（约1449—1492），意大利佛罗伦萨美第奇家族的代表人物，1478年以后成为佛罗伦萨的唯一的统治者。当政期间，佛罗伦萨工商业发达，美第奇家族的银行机构遍布于意大利和欧洲各主要城市。美第奇奖掖文学艺术，罗致著名艺术家如米开朗琪罗等，他本人也写诗，使佛罗伦萨成为意大利文艺复兴的名城。他的儿子乔凡尼·美第奇（1475—1521）曾当选为教皇，称利奥十世。译者注。
〔9〕 以上这些城市都在意大利。

一般骑着马去走走真的不用费很大的劲儿，但是在这个并不是很大的空间里，常常是从一个国家到了另一个完全不属于它的国家的土地上。从强大的威尼斯共和国来到埃斯蒂的费拉拉公国，然后来到教皇的土地上，再到美第奇大公国的管辖范围。这就是我们能够了解到的地区范畴，我们的潜意识所感受的距离。[1]

说到这些情况好像是理所当然的，但是在对波兰学和汉学的研究中，却经常忽视了这种情况的出现。而这却是很重要的，特别是我们在研究各种不同历史时期的各种不同类型的中国文学的时候，要注意它在这么巨大的地理疆域内，会有很大的变化。这里我们也可以引用波兰最大的汉学家之一的一些论断：

今天的中国，这是一个具有大于波兰面积[2]三十一倍国土的国家，比欧洲几乎大两倍（除了苏联）。它比澳大利亚也大，几乎形成了一个单独的洲，对于这个事实人们都会有强烈的感受。毫不奇怪的是，在这个辽阔广大的国家里，一些主要的城市中心相互之间的距离要遥远得多，从北京到上海有一千四百九十公里，到广州二千三百三十二公里，从首都到中国西部的甘肃兰州有一千八百七十二公里。北京是位于中国北方的一座城市，距离满洲里的国境线，也就是和俄罗斯的国界二千

----

[1] 米叶奇斯瓦夫·耶日·金斯特：《孔子的事》，华沙，1983年，第11、12页。

[2] 波兰的面积为三十一万二千六百八十三平方公里。译者注。

三百三十四公里，因此北京到中国北方的国界的距离比到广州还远，这真是难以想象。像这样再算下去并不难，但要使它不致使人感到厌烦，我们在这里还可以说，从上面提到的兰州到中国西部新疆的乌鲁木齐有二千零九公里（北京和那里相距不少于四千公里）。而从中国西部的四川省的省会成都到西藏的省会拉萨就有二千四百十四公里。不管是乌鲁木齐还是拉萨都和这个国家西部的国境相距很远。

但是在中国，对一些距离是有争议的，因为中国领土的核心部分就有欧洲除了属于俄国的之外的面积那么大。可以从长江边的四川的宜宾城沿江旅行，一直到上海，这段行程有二千八百六十七公里，比多瑙河从它的发源地到出海口还长七公里。

这里要说的不仅是这些主要城市相隔几百或者几千公里的距离，而且还要包括这中间的大片面积。这也可以证实，古代的中国，即孔子那个时代的中国比今天的中国要小得多。因此整个以上这些议论在这里就没有必要了，因为这个国家过去的面积是小得多的，但是……〔1〕

这位波兰著名的中国文化的研究家最后所表现的犹豫是可以理解的，他对中国不同的历史时期和国家形式的变化都进行了深入的研究，然而他的这个"但是"并没有说到现代文学。在他的这部

---

〔1〕 米叶奇斯瓦夫·耶日·金斯特：《孔子的事》，华沙，1983年，第12、13页。

著作中描绘了现代的中国人所要走遍的一个这么大的国家，也不断地意识到了这个国家和现代的知识分子要获得的知识，到达科学和文学艺术的中心要克服的困难。因为飞机和高速列车的行驶，缩短了旅行时间，旅游便成了现代中国人生活的一部分，使他们知道变化是发展的因素，扩张会有收获，这是过去拉人力车的车夫，扬子江、黄河和大运河上航行的轮船的舵手，去西藏的马帮的旅客或者上海大街上的苦力做梦也想不到的。今天，开放的中国因为参与了所有的国际交往，它的文学的发展又不断地开辟了新的天地，比如建立一些著名的文化投资的项目、举行各种科学大会，对一些书的翻译出版提供赞助和不断的文化交流。在这方面，这本书所介绍的人物[1]起了很大的作用，他善于利用他的职务给他提供的这些方面的许多可能性，不断地和一些中国和世界各国，和所有的大陆，甚至最遥远的国家的知识分子进行合作，来完成这些方面的许多工作。

五　互相渗透

为了增进中国的作家和世界的联系，一些非常好的投资项目持续实施，使得欧洲、美国、澳大利亚和两个美洲对中国的文化和文学有了越来越好的认识。这里的首要人物，如著名的使者莫言或者铁凝已经深入集体的意识中去了，根据莫言的《红高粱》拍摄的

----

〔1〕　指《永不熄灭的火焰》这本书中介绍的诗人吉狄马加。译者注。

影片、北京的这位女作家的《大浴女》都引起了广泛的评论，从纽约到巴黎，从布宜诺斯艾利斯到利马[1]、悉尼和惠灵顿[2]都在讨论这两部作品。托马斯·温茨洛瓦还曾毫不犹豫地指出了下一个作为诺贝尔奖的候选人的作家也有这么大的影响，他促成了中国的文化对这个星球其他部分的伟大的开放。

> 吉狄马加的诗是不寻常的，也是新时期的世界文化中的一个独具特色的事实。他用中文写作，但他属于彝族或者说诺苏人，这个民族居住在距离越南和泰国不远的一个崇山峻岭的地方。正因为如此，我可以说，他本来是和我们的文明加倍的远离，可是他却马上得到了欧洲读者的理解。[3]

在波兰，这位作者的创作大家都很熟悉，首先是因为在我国出版了他的五部诗集的波兰文版。这位今天已经很著名的创作者、中国现代诗人、书法家、画家和随笔作家1961年出生在四川彝族（诺苏人）自治州的凉山。马乌戈扎达·列利加说他在十七岁时进了四川的省会成都的西南民族大学的语言文学系学习，在那里接触了中国和世界的伟大诗歌，毕业后不久就在一个重要的文学刊物《星星》发表了自己的几首诗。[4] 马加的成长和青年时期是在一个特殊的时代中度过的，他的父母经历了所谓的

----

[1] 秘鲁的首都。译者注
[2] 新西兰首都。译者注。
[3] 引自托马斯·温茨洛瓦：《吉狄马加诗集，黑色和寂静》的前言，见该作品第6页。
[4] 引自马乌戈扎达·列利加为她从中文翻译的《语词和火焰，吉狄马加诗选》写的序言，该书于2015年在华沙出版，见第8、9页。

"大跃进""文化大革命",还有全民"除四害":苍蝇、蚊子、麻雀和老鼠。今天看起来,这好像是不可信的,但是这些事情都确实有过,关于它们一些历史学家和汉学家也写过很多。对于这些情况,在这里可以引用挪威研究家托比约恩的一个报告中的文字:

> 1958 年 4 月 27 日在北京,开始了打麻雀的运动。为了鼓舞斗争精神,北京的广播电台很好地选了一首歌作为它的早播:"起来吧!千百万的人们!团结一心,冒着敌人的炮火,勇敢前进!"马上就有三百万居民拿着铜锣和瓦罐来到了街上。采取的办法是把这些东西不断地敲打,要使麻雀吓得全身疲惫不堪,然后全都掉下来。《人民日报》还提醒人们:"在战斗还没有取得胜利以前,每一个战士都不能后退。"战斗结束后,按照报纸上的报道,有三十一万只麻雀躺下了,有四百万只麻雀掉在整个国家的土地上。
>
> 对孩子们玩的弹弓也写得非常精彩,按照报上的说法,这些弹弓对生命没有威胁,孩子们爬到树上,要把一窝麻雀全都弄死,"这叫革命,英雄的勇敢精神"。一个十六岁的小伙子打死了两万只麻雀,被认为是全民族的模范。第二天,居民们都唱歌跳舞,庆祝胜利,那些受到表扬的战士都戴上了红花。

吉狄马加从他的民族的一些老人的叙说和家里人的谈话中,了解到了这些事件的发生,但是许多年来在封闭的山区,他没有参加那些宣传活动。但他在文化知识的获得上却是走在前面，中学毕业后，又在大学深造，1982 年还获得了助教的职位。与此同时，他还在中国作家协会四川分会工作，1986 年因为他的诗歌创作而获得了中国作家协会授予的奖项，并且引起了著名诗人艾青（1910—1996）的注意，从此艾青就成了他的启蒙老师。马乌戈扎达·列利加说，从八十年代中开始，马加就在中国作家协会担任了很多职务，2015 年成了这个协会的几个副主席之一。值得一提的是他还担任过另外一些重要的职务，如青海省的副省长，从 2010 年到 2014 年他又是这个省的宣传部部长[1]。他在促进这个省各方面发展的同时，没有忘记文化特别是文学的发展，在省会西宁组织和举行过许多文学盛会，给优秀的作家授予在世界各国受到高度评价的"金羚羊奖"，世界各国有许多作家来到这里，接触到这里富有童贞气质、充满了幻想的大自然都激动不已，也对这位诗人执政期间使这里得到巨大的发展表示敬佩。青海是一个内陆省份，在中国的西北部，以面积来说是中国的第四大省，人口数量是倒数第三。它的东北和甘肃交界，西北部和新疆、东南部和四川交界，西南部连着西藏自治区。它的名称来自一个非常美丽的湖泊：青海湖，它是中国最大的咸水湖，也是亚洲最大的咸水湖。这个湖处于青藏高原上的低洼地带，有二十三条河流到湖里，一些流水一年有五个月冰冻，是世界的奇迹之一。米科瓦伊·普热瓦尔斯基在 1872 年第一次说这里是一个科学世界。这个

----

　　〔1〕　吉狄马加曾担任青海省委常委、宣传部部长。译者注。

省聚居了许多民族，有汉族、藏族、回族、土族、蒙古族、撒拉族。而吉狄马加的民族主要聚居于中国西南部的大小凉山，它的历史和习惯在上面提到的马乌戈扎达·列利加的那篇序言中也有介绍：

> 在中华人民共和国官方认定的五十六个民族中也有彝族（以前主要叫它诺苏），他们按照每个人都很相近的血统和语言混居在一起。现在属于彝族的人口近八百万，都居住在中国西南方的一些省中，云南有四百五十万、四川有两百万、贵州有一百万、广西有几万，他们都用属于西藏和缅甸语系统的语言，这些语言虽然相近，但相互之间不能完全听懂，然而他们有相近的文字，既不同于汉文，也不同于藏文。在这些民族中，人口最多，在各方面都具有一种特别强烈的一致性的感觉的就是诺苏人，意思是"黑色的人"，吉狄马加就来自于这个群体。[1]

一个欧洲人每次和这些人接触都会感到很惊奇，首先是他们的习性，主要表现在他们对火和永恒的崇拜。此外还有这个民族的服装，主要是黑颜色、红颜色和蓝颜色。此外还要提到一种很特殊的银制的贵重物品，它的体积有时候很大，是一种独特的装饰。列利加说，这是一个很大的社会，这里人口的数

----

〔1〕 引自马乌戈扎达·列利加为她从中文翻译的《语词和火焰，吉狄马加诗选》写的序言，该书于2015年在华沙出版，见第5页。

量可以和亚美尼亚或者蒙古相比，比世界上许多小国家的人口要多得多。

诺苏人有二百五十万，都住在四川南部和云南北部的边境上的称为大凉山和小凉山自治州的地区。诺苏人传统的生活方式是打猎、放牧和耕种，荞麦是这里种的主要粮食之一。这里属于父系社会，异族通婚，分为"黑色"人种即贵族和"白色"人种即自由的农民。在历史上还有过一群没有人身自由的奴仆，他们大都不是诺苏人，而是从敌人那里俘虏过来的人，或者从异族主要是汉人居住的地方抓来的人。

诺苏人的服装很有特色，他们男女穿的都是一种绣了花的长衫，样式也差不多。女人还穿一种打了褶的长裙，头上戴着各种不同的有装饰的头巾（不同年龄的人的头巾都不一样）。还有许多银珠宝、耳环和项链，衣领上的装饰品和手镯。女人一生中要举行的一个重要的仪式就是"换裙子"，这个仪式在她十几岁的时候举行，说明她已成年，准备要出嫁了。男人头上总是缠着一块头巾，有时候有装饰，上面紧紧地锁着一个"英雄的绳结"，在脑门上拖得很长，看起来像一个号角。此外，男人们也戴银耳环，但只戴一个，总是戴在左耳朵上。不管是男人还是女人都穿黑色或白色的长围巾和斗篷，这些都是由女人用棉线织的。此外还有一种男人

用 小 毛 毯 做 的 围 巾。[1]

　　吉狄马加从童年开始直至他后来的整个成长时期,都亲身经历了许多仪式般的活动,成年后也为他成长的社会做过很多富有特色的工作。这使他深深地感受到了和这个族群整体的紧密联系,并在这个基础上吸取了人们的智慧,这种智慧在他后来的大学生活和学习过程中得到了巩固。这个来自高原山地凉山的小伙子随着后来工作岗位的变化,最终一步步地进入了中国文学界的领导层,而且其文学影响也开始在国际上有了越来越高的地位。他的许多作品被翻译成世界上一些主要的语言出版,超过五十个国家有它们各具特色的版本。2006 年,俄国作家协会授予他米哈尔·肖洛霍夫纪念勋章,他在保加利亚、罗马尼亚和南非共和国也获过奖。2016 年在布鲁塞尔授予他欧洲诗歌与艺术荷马奖更是给他这一时期的生活和艺术戴上了荣誉的桂冠,中国诗人是这个奖项设立后的第一个获得者。之后获得这项荣誉的还有一些令人振奋的作者,如阿塔奇·贝赫拉姆(土耳其)、托马斯·温茨洛瓦(立陶宛—美国)、斯坦利·H. 巴坎(美国)、西蒙·J. 奥尔蒂斯(美国)、胡安·卡洛斯·梅斯特雷(西班牙)、帕特里克·莱恩(加拿大)、蒂姆·利尔伯恩(加拿大)、阿米尔·奥尔(以色列)、热尔曼·德罗根布罗特(比利时)、费尔兰多·仁东(哥伦比亚)和克日什多夫·扎努希(波兰)。授予来自彝族社会的这位中国现代诗人这种崇高荣

----

〔1〕　引自马乌戈扎达·列利加为她从中文翻译的《语词和火焰,吉狄马加诗选》写的序言,该书于 2015 年在华沙出版,见第 5、6 页。

誉，是因为来自十几个国家的评委认为他的诗歌与古希腊诗人确立的美的范式有着宗亲关系：

> 荷马是欧洲和世界文化之父，他的两部伟大史诗《伊利亚特》和《奥德赛》是文学的基石，带给艺术与文化永恒的灵感。这位盲歌手留下的普遍性的讯息，建立的丰碑，都不会为千百年的时光所磨灭。这位伟大创造者的幻想具有火焰的力量，引燃了从古至今的无数想象。为表彰各国艺术家们创造的伟大遗产，欧洲诗歌与艺术荷马奖评选机构设在欧盟总部所在地布鲁塞尔，奖项评委包括来自美国、比利时、德国、波兰、意大利、法国、保加利亚、巴西和摩洛哥的作家艺术家们[1]。

欧洲诗歌与艺术"荷马奖"将颁给文学和视觉艺术领域优秀的创造者。那些作品简洁优美、向世界发出普遍的讯息、贴近古代范式的艺术家们，将获得评审团颁发的这一奖项。艺术水准与传播力量是最为重要的范畴，今天，第一个获得这个奖的是一个中国诗

----

[1] 评委会主席：大流士·托马斯·莱比奥达（波兰）。副主席：斯坦利·巴尔坎（美国）。成员：阿沙纳斯·凡切夫·德·萨拉西（法国），瓦尼亚·安杰洛娃（保加利亚），马尔科·斯卡拉布里诺（意大利），古拉拉·努利（伊拉克库尔德自治区），奥林匹亚·拉科夫（罗马尼亚），芭芭拉·奥尔沃夫斯基（德国—巴西），安杰利卡·克雷特（比利时），贾拉尔·希克茂维（摩洛哥），加吉克·达夫江（亚美尼亚），伊萨克·戈尔登贝格（秘鲁—美国），哈桑·阿卜杜拉（美国—孟加拉），威廉·沃拉克（美国），郡山直（日本），彼得·萨比特·琼斯（威尔士），李成一（音译）（韩国），海伦·巴列夫（以色列）。译者注。

人吉狄马加，彝族人民的代表。[1] 后来的获奖者们将会更加丰富他们精神之父荷马的万神殿。[2]

在举行这个最美好的仪式的时候，有一个很大的交响乐队参加，一些著名的艺术家以极大的热情朗诵了吉狄马加的《我，雪豹……》，参加这个仪式的人都意识到了，这位作为联系永恒的大

----

〔1〕 2016年将欧洲诗歌与艺术荷马奖授予吉狄马加的颁奖人大流士·托马斯·莱比奥达，欧洲诗歌与艺术荷马奖评奖委员会主席，也就是本书的作者。颁奖词："吉狄马加是中国最伟大的当代诗人之一，他的诗富有文化内涵，事实上深深植根于彝族的传统。他的诗歌创作也提升了通灵祖先的毕摩祭司所把控的远古魔幻意识。他的诗歌艺术构成一片无形的精神空间，山民们与这一空间保持持久的互动，他的诗让人心灵净化，并构建起一个人类不懈追求纯真和自我实现的伟大时代。面朝广袤美丽的自然，他的作品始终致力于表现人类命运的深度，这命运的陡坡一直通向宏大的宇宙体系和存在的基本机制。这一切借助昼夜的更替被永恒地感知；这一切化身为守夜人，躯体遭受打击，忍受疾病和痛苦，他面对风霜雨雪，承受着时间的毁灭力量。人类的意识得到如此清晰的呈现，它甚至构成一道闪亮的光束，穿透巨大的时间间隔，扫描各种形状、各类变体的空间，这对于诗歌而言十分罕见。马加能像蝴蝶翅膀轻盈扇动那般写出一首诗，他也能创作出视野宽广的全景图，这些全景图反映整个时代的精神，也反映人类在山川湖畔与鸟兽等一切生物和谐共处的自由存在特质。他诗中的每一抒情场景均成为一则部落故事之延续，似在特意宣示他的部落之荣光。诗人意识到，他的作品脱颖而出，正是为了完成他渴望的使命。他深知，他无法继续定居凉山，背着猎枪去打猎，在族人中间过着悠闲、宁静的生活。他本可围着篝火舞蹈，站在山巅远眺，可他的命运却是跻身世界诗人之列，宣示他那偏居地球一隅的故土和人民之荣光；他本可在小茅屋里歌唱，远离寒冷的宇宙，聆听长辈和巫师讲故事，可他的工作却是一遍又一遍地重申存在的基本真理：'我是彝人！'这是他的伟大任务，同时也是世代传诵的祈祷，借助一连串的提示和升华，这也是能反映过去，亦能再现壮丽未来的历史所发出的遥远回声。"译者注。

〔2〕 见《欧洲诗歌与艺术荷马奖奋斗，探索，寻求，而不屈服》——阿尔弗雷德·丁尼生的《尤利西斯》。译者注。

自然和现代文化的纽带的作者走过多么遥远的路。仪式是 2016 年 10 月在西昌举行的。诗人穿的是诺苏人民间男式的服装，对授予他的这项奖致了下面的答词：

尊敬的欧洲诗歌与艺术荷马奖评委会，尊敬的各位朋友，我亲爱的同胞们：

今天对于我来说，是一个喜出望外的日子，我相信对于我们这个数千年来就生活在这片高原的民族而言，也将会是一个喜讯，它会被传播得比风还快。感谢欧洲诗歌与艺术荷马奖评委会，你们的慷慨和大度不仅体现在对获奖者全部创作和思想的深刻把握上，更重要的是你们从不拘泥于创作者的某一个局部，而是把他放在了一个民族文化和精神的坐标高度，由此不难理解，你们今天对我的选择，其实就是对我们彝族古老、悠久、灿烂而伟大的文化传统的褒奖，是馈赠给我们这片土地上耸立的群山、奔腾的河流、翠绿的森林、无边的天空以及所有生灵的一份最美好的礼物。

尤其让人不知所措、心怀不安的是，你们不远万里，竟然把这一如此宝贵的赠予送到了我的家门口，可以说，此时此刻我就是这个世界上一个幸运的人。按照我们彝族人的习惯，在这样的时候，我本不应该站在这里，我应该做的是在我的院落里为你们宰杀牲口，递上一杯杯美酒，而不是站在这里浪费诸位的时间。

朋友们，这个奖项是以伟大的古希腊诗人荷马的名字命名的，《伊利亚特》和《奥德赛》两部伟大的史诗，为我们所有的后来者都树立了光辉的榜样。当然，这位盲歌手留下的全部遗产，都早已成为人类精神文化最重要的源头之一，在这里，我不想简单地把这位智者和语言世界的祭司比喻成真理的化身，而是想在这里把我对他的热爱用更朴素的语言讲出来。在《伊利亚特》中，阿基琉斯曾预言他的诗歌将会一直延续下去，永不凋零，对这样一个预言我不认为是一种宿命式的判断，其实直到今天，荷马点燃的精神火焰就从未熄灭过。

然而最让我吃惊和感动的是，如果没有荷马神一般的说唱，那个曾经出现过的英雄时代，就不会穿越时间，哪怕它就是青铜和巨石也会被磨灭，正是因为这位神授一般的盲人，让古希腊的英雄谱系，直到现在还活在世上熠熠生辉。

讲到这里，朋友们，你们认为这个世界所发生的一切，都是由偶然的因素构成的吗？显然不是，正如我今天接受这样一个奖项，在这里说到伟大的荷马，似乎都在从空气和阳光中接受一个来自远方的讯息和暗示，那就是通过荷马的神谕和感召，让我再一次重新注视和回望我们彝族伟大的史诗《勒俄特依》《梅葛》以及《阿细的先基》，再一次屹立在自然和精神的高地，去接受太阳神的洗礼，再一次回到我们出发时的地方，作为一个在这片广袤的群山之上有着英雄谱系的诗人，原谅我在这里断言：因为我的民族，我的诗不会死亡！谢谢诸位！[1]

----

〔1〕 《在2016欧洲诗歌与艺术荷马奖颁奖仪式上的致辞》，吉狄马加，2016年6月27日。译者注。

今天我们再看这些话，会意识到诗人是十分谦虚的，他在这里表现出的更是谦让的姿态，对于接受这份来自欧洲的荣誉感到不安。但是我们要记住，马加出身于一个值得骄傲的民族，有自己的历史和精神谱系，这个民族始终过着一种朴素的生活，符合大自然和宇宙的发展规律，上面所引的他的这篇答谢讲话就充分展现了他具有非常丰富渊博的知识，因此他看什么都是相对的。他在青海停留的岁月使他感到非常骄傲，他要继续工作。在我结束这段开场白的时候，在这里顺便援引一个波兰评论家的话，他给读者们指出了这位中国诗人作品的独特性和真正的人道主义：

> 站立在吉狄马加诗歌世界中心的这个人和大自然，和祖国的大地有千丝万缕的联系，这首先表现在一种爱和文化继承上。让这双赤着的脚板"深深地插到地里去""让我们体内的血静静地回流到"我们出生的地方。就像我们的经典作家亚当·密茨凯维奇、玛丽娅·科诺普尼茨卡[1]和扬·卡斯普鲁维奇[2]一样，马加和大自然进行生动活泼的对话，其声调非常形象，使人感觉到大自然的万物都是有灵性的，他将许多动物（牛、鹿、山羊、鹰、豹等）都人性化了。他有一个关于荞麦的说法是很有名的：

> 荞麦啊，你充满了灵性

> 你是我们命运中注定的方向

----

[1] 玛丽娅·科诺普尼茨卡（1842—1910），波兰著名女诗人、作家。译者注。

[2] 扬·卡斯普鲁维奇（1860—1926），波兰著名诗人。译者注。

你是古老的语言

……

渴望你的抚摸，我们歌唱你

就如同歌唱自己的母亲一样[1]

还有一种集中叙事的方法表现在诗人对岛屿特别是对河流的描写里，例如在《献给这个世界的河流》中说：

是你创造了最初的神话

是你用无形的手

在那金色的岸边开始了耕种

相信吧，人类所有的文明

都因为河流的养育

才充满了无限的生机

深沉的流水和万能的河就是诗人的祖辈，特别是母亲，"我不老的母亲"是"一条深沉的河流"，"我是一千次葬礼开始后/那来自远方的友情"，"母亲喉头发颤的辅音"，"这一切虽然都包含了我……"[2]，在诗人看来，没有一个事件的发生没有母亲的参与，她自始至终都是生活的主宰。他在他的一首名为《我愿》的诗中还说：

当有一天我就要死去

踏着夕阳的影子走向大山

啊，妈妈，你在哪里？

- -

〔1〕 引自吉狄马加的诗《苦荞麦》。译者注。
〔2〕 引自吉狄马加的《自画像》。译者注。

最后他回答说："在你的火葬地。"火葬的描写在马加的诗中出现过好多次，这是一个很重要的仪式，说明肉体已经不存在了，但精神是存在的。这种精神的力量将世世代代地传下去。火化后的每一粒骨灰都能创造新的生活，火是一种永恒的象征。火在人体中只是短时间的闪现，但它形成了一个永无终止的变化过程中的一个环节。[1]

永不熄灭的火焰早就迷住了很多诗人，但是吉狄马加的诗中却展现了一个特殊的画面，就好像大自然以它的规律在那里用语言表达出来，使它获得了可以和燃烧中出现的爆炸相比的力量，把宇宙展现在光亮中，并且让它照亮了银河系的中心，这是我们最初所在的地方。但我们不管是现在还是将来都将在这个宇宙里，一直要到它的末日。

〔1〕 M.沃伊培希克：《泸沽湖和山里的处女》，见《吉狄马加的诗和世界》第一卷，第686—690页。

这一切都有可能，因为这条河流

已经把它的全部隐秘和故事告诉了我们

它是现实的，就如同它滋养的这片大地

我们在它的岸边劳作歌唱，生生不息

一代又一代，迎接了诞生，平静的死亡

——吉狄马加《大河》

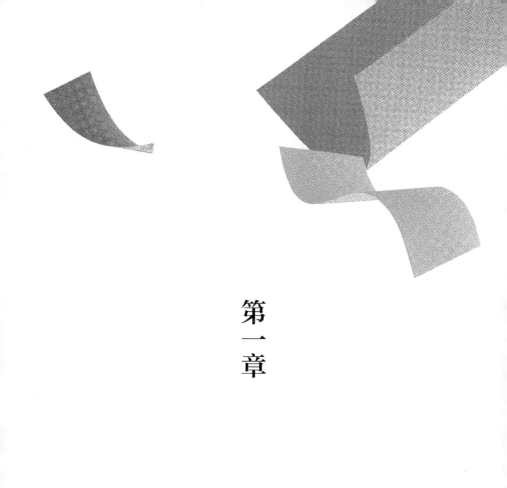

第一章

深层的末世论
诗的秘密
和吉狄马加诗中
水的元素

一 诗的秘密

能不能洞察诗的秘密？也就是说能不能了解产生于想象和写在纸上的东西是什么？这是一个需要探讨的秘密，就看在"孕育诗"和发挥诗的想象的时候，作者的意识和能量的表现和世界甚至整个宇宙的状况是怎么样的。一个人如果为他见到的稀奇古怪和令人惊异的大自然构思了一首悲哀的诗，他在朗读它的时候，就会对他发出的声音有什么秘密产生极大的兴趣。他会考虑到这些新写的诗句的意思和本质是什么。千百年过去后，诗歌创作的面貌和职能、抒情表达的形式、叙事的方法，或者在朗读中的重音都变了，只有一种情况没有变，这就是一个人根据他的知觉、愿望和痛苦，要把他的一只手伸到没有尽头的远方。兹比格涅夫·赫贝特[1]在谈到现实、生存和空间的秘密和他如何看待它们的时候说："我两次或者三次都能够肯定地说，我已经接触到了事物的本质，通过诗歌的抒情方式，了解它的秘密包含的能量。"今天，根据荷尔德林[2]，

----

[1] 兹比格涅夫·赫贝特（1924—1998），波兰现代诗人，散文家。译者注。

[2] 弗里德里希·荷尔德林（1770—1843），德国诗人、作家。译者注。

爱默生[1]、惠特曼[2]、坡[3]、列希米扬[4]、卡瓦菲斯[5]的经验，诗歌创作是一个时代错乱的表现，因为这里描写的是一个荒诞和怪异的世界。维托尔德·贡布罗维奇[6]在他一篇很有名的文章《反对诗人》中说，几乎没有人爱读诗，诗中的世界是一个虚幻和伪造的世界。二十世纪和它以前的那个世界（感伤主义、浪漫主义、颓废主义）的创作经验告诉我们，诗歌乃是一个最现实的世界，经常是比客观描写的世界还要真实，因为这里反映了诗人个人的悲剧，很清晰地描写了一个很复杂的大自然[7]。诗歌是许多声音的回声，首先是对自由的向往，要不断地表现切斯瓦夫·米沃什[8]所说的那种被越来越多的生活中悲哀的感受所淹没了的对自由的向往。

我们每个人都应该很早，也就是自己一生最早的那些年代，就认识到那生存的铁的规律，我们的愿望是不符合这种规律的。火焰看起来是那么美丽，但是一接触它就会被烧伤。玻璃杯从桌子上掉下来不会悬在空中，只会掉在地上被打碎。由

----

[1] 拉尔夫·华尔多·爱默生（1803—1882），美国散文作家和诗人。译者注。
[2] 沃尔特·惠特曼（1819—1892），美国诗人。译者注。
[3] 埃德加·爱伦·坡（1809—1849），美国诗人。译者注。
[4] 波列斯瓦夫·列希米扬（1878—1937），波兰现代诗人。
[5] 康斯坦丁诺斯·卡瓦菲斯（1863—1933），希腊现代诗人，主要写哲理诗，从荷马史诗、古希腊及拜占庭历史中汲取灵感。译者注。
[6] 维托尔德·贡布罗维奇（1904—1969），波兰现代作家。译者注。
[7] 吉狄马加的诗是对这种复杂性的真正的赞颂。译者注。
[8] 切斯瓦夫·米沃什（1911—2004），生于立陶宛，波兰著名诗人和作家，1980年诺贝尔文学奖获得者。译者注。

于事物的存在总是保持自然的状态，想要寻找新奇的尝试一定是痛苦的……诗人们大概都很懂得这个道理，他们要表现的是摆脱冷酷、强硬和无情的对待，这是人的真正的愿望。[1]

诗人们都是扎根于两个世界的生灵，他们总想进入那些秘密的空间，进入那被怀疑、绝望和痛苦所遮掩的看不见黑色和宁静的空间。他们处于两种现实之间，处在两种不同的原始的存在的交接点上，因为这两种现实的存在的分离，他们为不能进入任何一个描写的境界而感到悲哀。关于这一点巴什拉[2]是这么看的，他得出的结论是，有些诗人要吞食整个空间或者说把它完全据为己有，给人的印象是他们要占领全世界，另外还有少数的人要占领所有的时间。[3] 前者描写的是现实和自然，而后者就只能游在梦的混水中，消失在迅速前行的众多的历史阶段中，然后他们又会浮到历史的表层，成为一段被浪花冲走了的黑色的圆木。艺术作品也是一样，它也表现了诗的天才，它就是诗。一个日本写小说的作家芥川龙之介[4]说：艺术家的创作总是有意识的，但是我们如果接触他的某个作品的本身就会发现，它的朴实和美至少有一半表现在秘密的下意识想象中，甚至超过一半，例如罗伯特·洛厄尔[5]的一首

----

[1] 见切斯瓦夫·米沃什：《诗的证据，关于我们的世纪的痛苦的六节课》，华沙，1975 年版，第 63 页。

[2] 巴什拉（1884—1962），法国哲学家、科学家和诗人，写过《梦想的诗歌》。译者注。

[3] 见巴什拉的《诗的想象》，华沙，1975 年，第 63 页。

[4] 芥川龙之介（1892—1927），日本小说家。译者注。

[5] 罗伯特·洛厄尔（1917—1977），美国诗人。译者注。

哀诗中就表现了这种现实和由于激动情绪而脱离现实的状况：

> 我为我们过去生活中的热情
>
> 和我们第一次感受的失望哭泣。
>
> 我们只是一次，而不是两次
>
> 用手指头指向了一些新的生物……
>
> 然后又回到了俄亥俄的凯尼恩[1]。
>
> 近处第一眼可以看见许多方形的东西，
>
> 那里还闪现着一个棋子形状的仓房。
>
> 一头水牛在黎明前的蓝天下，
>
> 正拉着一辆水车。
>
> 到了晚上，在这辆水车的车轮上，
>
> 就摆上一个装了一些松鼠的笼子。
>
> 一座高架桥上闪着亮光，还有一个人
>
> 穿了一件黑色的短上衣，戴着手套，在看着你，
>
> 他很顽强地慢慢走着，步履坚实，
>
> 要在隧道下面找到他的空虚的不是我，
>
> 他就像睡着了一样。兰德尔骑士
>
> 你要问候小汽车，你也想要放出不很明亮的光。[2]

这样的诗实际上表现了对那神圣的时刻的回忆，又回到了那个

----

〔1〕 凯尼恩学院，美国顶尖文理学院，位于俄亥俄州的甘比亚，由主教费兰
　　 德·蔡斯建立于1824年，与欧柏林学院、丹尼森大学等同属于俄亥俄五
　　 校联盟。译者注。

〔2〕 罗伯特·洛厄尔：《兰德尔·贾雷尔》。译者注。

时候，如果有另外一个诗人，也会感触到这同样火焰和同样的冰冻。照洛厄尔和马加的说法，要发现诗的秘密，就一定要感受死后的悲哀，不断重复那些单调的诉怨，再现那已经消亡的现实。这样一些痛苦的再现都是以一种常用的方法，通过语言表现出一种拟似的状态，要显示它们呈现过的美。一步一步地进行模仿，跌倒了再站起来，试探着往前迈步。这是一个仿效的过程，也是一种运动，是诗中约定的符号。就像米沃什说的那样："诗依它的本性开始运动，也就是转变……"〔1〕这种运动是往前走一步，又掉进了一个空洞里，会感到兴奋和痛苦，就是沃尔特·惠特曼〔2〕诗歌表现的主题。

> 开始我的研究，最初的一步使我这样地欢喜，
>
> 仅仅意识这事实，这些形态，运动的力，
>
> 最小的昆虫或动物，感觉，视力，爱，
>
> 我说最初的一步使我这么惊愕，这么欢喜，
>
> 我不易走也不愿走得很远了，
>
> 只是停留着徘徊了很久，在欢醉的歌曲中歌唱着它。〔3〕

惠特曼以他的作品展现了一个天才诗人真正的活动范围，从迷惑到兴奋，遗憾的是这个范围还是太小了，难以继续发展和扩大。

----

〔1〕 见切斯瓦夫·米沃什《诗的证据，关于我们的世纪的痛苦的六节课》，华沙，1975 年版，第 37 页。

〔2〕 沃尔特·惠特曼（1819—1892），美国诗人。这里引自他的诗作《回顾已经走过的道路》。

〔3〕 惠特曼：《草叶集》，高寒译，晨光出版公司，1949 年出版，第 1、2 页。

照惠特曼的说法，所有的秘密都在意识和潜意识中。事实上，这里的目标，也就是最终要表现的是一种无意识，就像是一个奖章的另一面。幸福感如果在诗中能够表现出来，它就表现在这种活动中，表现在一个脚步，一次颤抖中。

吉狄马加说："一个诗人只有一会儿能够停留在生和死这两个世界之间的界线上，因为这个界线马上就没有了。"[1] 他深深感到，这两个世界都不断地使劲，要把他拉到自己身边。像这样已经被非现实和潜意识世界吸引过去的创作者还有 T. S. 艾略特，他的《荒原》[2] 就是对非现实的深入观察，它再现了那种下意识的恐惧，它对现实的另一面的这种表现要比所有的现实主义诗歌都要好些，也更全面。艾略特更趋向于写一些毫无生气的幻景，要回到现实会感到奇怪：

> 这是什么声音在高高的天上
>
> 是慈母悲伤的呢喃声
>
> 这些戴头罩的人群是谁
>
> 在无边的平原上蜂拥而前
>
> 在裂开的土地上蹒跚而行

----

〔1〕 吉狄马加在他的《拉姆措湖的反光》中写道：
    但在这里，风吹透时间
    没有了生和死的界线，肯定没有！
    但那扇大门，看见了吧
    却始终开着……

〔2〕 T. S. 艾略特（1888—1965），英国诗人，他的《荒原》在 1922 年发表后，曾引起轰动，这首诗确立了他在西方现代诗坛的重要地位，为欧美现代派诗歌开创了新的诗风。译者注。

只给那扁平的水平线包围着

山那边是哪一座城市

在紫色暮色中开裂、重建又爆炸

倾塌着的城楼

耶路撒冷雅典亚历山大

维也纳伦敦

并无实体的[1]

读到这一段，了解到艾略特和马加的荒原中展现的空间，我们一定会有这么一个想法，就像威廉·狄泰[2]所说的：

生活的面貌……越来越展现出它新的一面，其中一些细节可能是很清晰的，但它整体的内涵仍然是难以预测的。要对生活上的各种联系和在这种联系中得出的经验，在整体上有一个明确的认识是做不到的。[3]

诗歌也是一样，它总是要把一些实际上不存在的东西放在一个秘密的世界中，把它们安排得很有秩序，显示出不同的等级。就像狄泰的"灵魂"，它一定要听从安排，但也不要完全保持秘密的状态。抒情诗中面对现实世界、风景和大自然所表现出的震惊和激动的情绪也是一样，切斯瓦夫·米沃什在同样的情况下问他自己：

---

[1] T.S.艾略特：《荒原》，北京燕山出版社，2006年版，赵萝蕤、张子清等译，第56、57页。

[2] 威廉·狄泰（1833—1912），德国哲学家。译者注。

[3] 威廉·狄泰：《论哲学的本质》，华沙，1982年版，第21页。

"我以前是谁？现在又是谁？多少年后，在熊峰[1]上，在我太平洋上的工作室里，我又是谁？我有一个关于我的精神上的奇遇的故事拖了很长时间一直没有写，我不愿意讲，就这么拖下去。"[2] 一个诗人是不愿意讲他的"精神上的奇遇"的，因为像他这样的人总是要挑起一个秘密领域的守护人的重担。[3]

像这样的诗人都有一个看法，如果不能保守自己的秘密，就会误入歧途，离开和他们相距最近的大自然。这些诗人都是一些有理智的人，他们不愿缩小他们的影响，阿多尔诺注意到了"他们担心的是这种倾向[4]一直占了优势，如果这样就是一种威胁，使它和他们自身的力量不能保持一个正确的比例。"[5] 像米沃什、卡瓦菲斯[6]、马斯特斯[7]、桑德堡[8]或者马加这样的诗人研究的完全是雅斯特隆[9]说的那种"生活中秘密的实体"。这些诗人如果拔掉了潜意识的根，永远抛弃那个非现实，他们就要找到别的依据，他们会相信"思想是对存在的补充"[10]，它要依靠语言来表

----

[1] 一个山峰的名称。译者注。
[2] 切斯瓦夫·米沃什：《乌尔洛的土地》，华沙，1982年版，第21页。
[3] 吉狄马加的《看不见的波动》中说："有一种东西，在我出生之前它就存在着，有一种东西，早就潜藏在意识的最深处。"译者注。
[4] 这里当然是指上面所说的保守自己的秘密。译者注。
[5] T. W. 阿多尔诺：《否定的辩证法》，华沙，1986出版，第33页。
[6] 康斯坦丁诺斯·卡瓦菲斯（1863—1933），希腊现代诗人。译者注。
[7] 埃德加·李·马斯特斯（1869—1950），美国诗人。译者注。
[8] 卡尔·桑德堡（1878—1963），美国诗人。
[9] 米叶奇斯瓦夫·雅斯特隆（1903—1983），波兰现代诗人。译者注。
[10] M. 海德格尔：《思想，文学和艺术作品》，1988年，第3页。

达，他们掌握了一个原则，照米沃什的说法是："每个诗人在写作的时候都要在诗的语言表达的要求和忠于现实之间进行选择。"[1]上面提到的这些诗人都认为，诗的秘密就表现在语言的秘密中。但是卡尔·桑德堡说："语言没有手，如果有了手，人们可以把它抓住，显示在记忆中。"诗是不可捉摸的，不容易给它下定义，因为它的表达者——语言也是不可捉摸的，语言在不断地发展，它的意思在不断地变化，它的发音和形式也总是不断地翻新，这样：

> 诗歌要展现事物早先的也就是它出现和发生时的状态……这并不是说要说明这些事物能够反映生活，这不是诗人的虚构，这是一种能力，要在静寂中，在语言的表达中发现这种能力。诗人只说语言静悄悄地要说的话。[2]

诗人们也不相信他们自己，因此他们总有一种疑惑，即便他们相信语言，要在语言中找到依据，那他们也会认为用每一种语言都能叫出现实的复杂结构、色彩和裂痕的名字，将它们归类也是不足信的。弗瓦迪斯瓦夫·塞贝瓦在他的一个无题的作品中干脆就说明了他不相信语词和语言的力量：

> 什么是语词？这只是一个人的精神
>
> 抛在事物的旋涡中的一个影像。
>
> 说到我，我只是一个客体的影像，

----

[1] 切斯瓦夫·米沃什：《诗的证据，关于我们的世纪的痛苦的六节课》，华沙，1975 年版，第 72 页。

[2] M.哈尔：《诗的新思想》，见《文学艺术作品集》，1988 年版，第 3 卷，第 70 页。

因为我们的精神已经残废了。

……

用语词把世界搅混是多么容易，

怀疑一口混浊的井有多深也不难。

在安杰伊·布尔斯的一首名为《和诗人讨论》的粗俗的诗中，也表现了诗人不相信语言具有神奇的和能够救治的特性：

诗中是怎么冒出气味的？

肯定不是它那简单的名称，

而是整个诗都冒出了气味

还有它的音韵

和它的格律

要有林中芬芳草地的

适合的气温

每一个拍节的跳动

都将散发着花园里的

玫瑰的芬芳。

我们在一起谈话就像我们

是在我们一起生出来的

那个最美好的时刻。

一直到我对你说：

请把这个木桶拿出去！

因为那里面的尿臊味太难闻。

也许这么说没有分寸，

可我实在受不了。

像桑德堡、塞贝瓦[1]或者布尔斯这样的诗人为什么不相信语言表达的可能性？为什么不相信语言具有秘密和魔幻的表达以及医治和体现完美的功能？米叶奇斯瓦夫·雅斯特隆比较赞同龙贝克说过的秘密，他认为：

在发动机嗡嗡响的整个空间里，在道路上和高速行驶的大道上发出的信号中，在表现了某种意义的标志中，还需要语词的表达吗？一个诗人要问他自己，他以最好的方式构建的语句能不能再现一个外部的空间、一个表面，还是在这个空间或表面的面前不得不承认自己无能为力……如果语词和语句不能表达诗人的思想，而只是一片空虚，如果想象的空间一定要龟缩在诗中，在那里看不见我们应当看到的大地，那么还需要有艺术作品存在吗？

根据雅斯特隆提出的问题，我们再来说说诗人所分的两个不同的现实：潜意识中的现实、非现实的现实和感性的现实。雅斯特隆——还有马加——都称为两个现实，即内部和外部的现实。可以把他们的看法和狄泰早先得出的结论加以比较，狄泰说：

我们的心理和物理的本质，都有一种内部和外部的反应，我们认为，它们对所有的一切都有反应，我们根据一些外部的

----

[1] 弗瓦迪斯瓦夫·塞贝瓦（1902—1942），波兰现代诗人。译者注。

图像来说明我们的状况，借助于内部状况的表现来激活外部图像或者使它们具有灵性，因为这里扎下了神话和玄学的根，而首先是诗的坚实的根。

将内部的东西变成一个世界外部的图像展现出来，就像是为了内部的需要强占了地盘，这是真正的诗的创作的一个神秘的规律。

从上面说的可以看到，这些想要说明诗的秘密的尝试都没有成功，因为这里得出的结论都是指一些别的可能性，就好像距离想要得到的宝贝越来越远。但这只是一种表面现象，因为关于诗的秘密一句话是说不清的。埃利亚斯·卡内蒂[1]说过："要像老子或者赫拉克利特[2]那样，能够用很少几句话来表达，如果我们不会，那我们就什么也说不出来。"但是他的这个说法这里用不上，因为这里说的是要造成某种想象的气氛，对思想进行一系列的分析，将秘密在路上留下的那些"碎片"收集起来，诗的秘密可能就在今天大家还不很熟悉，而且这么多次被人笑话的"灵感"中。但要知道，就是那些不同意这个说法的诗人也不能不承认，有些艺术作品，也就是诗歌作品，它们：

> 出现在作者笔下的时候，或大或小都是一个已经完成和准备好了的东西，它是"全副武装"来到世界上的……这些作品和作者不能脱离关系，就好像它总是要拉着他的手。用一支

----

[1] 埃利亚斯·卡内蒂（1905—1994），英籍犹太人诗人。译者注。
[2] 赫拉克利特（约公元前535—约公元前475），古希腊哲学家，认为运动和变化构成宇宙的本身，没有任何东西是不变的。构成宇宙的基本元素是火，万物都从火产生，也都消灭而复归于火。译者注。

笔写一些东西，这些东西令人惊异地表现了作者的智慧。作品的本身决定了它的形式，作者要表现那些已经被抛弃的内容，他也不愿接受的东西在这里一定要接受。他的理智在这里失去了平衡，变得空洞无物，而那些他没有想要描绘的图像或干脆违背他的意愿而出现的思想和画面，却像雪崩一样落在他的头上。他虽然不愿意，却一定要承认这样的作品表现了他的思想意识，也最深刻地说明了他的本性，可这一切他从来就没有说过。[1]

这个秘密大概就在于一个诗人能够像吉狄马加那样，成为那些最美好的思想和意识的传感器。如果是这样，就可以引用西蒙娜·韦尔的一段格言：

> 诗就是快乐和痛苦，它们是不一样的。短暂的痛苦和怀念……快乐，它是那么纯净，没有任何掺杂，但它造成了痛苦，纯粹的痛苦，没有任何掺杂，这种痛苦减轻了。[2]

照这么理解，诗歌乃是真理的碎片，以一种新奇的方法从意识和潜意识中抽出来的伟大思想的零头。这是一个暂时的不全面的看法，如果是这样，美国诗人和画家卡明斯提出的一种观点也是可以理解的，他说：

> 没有任何定论，没有毛病的东西和没有说完的故事。没有

---

〔1〕 C.G.荣格：《分析心理学和诗歌作品的关系》，华沙，1981年版，第387、388页。

〔2〕 西蒙娜·韦尔：《超凡的意识思想选》，华沙，1986年，第139页。

任何虚假的，或者容易做到的，小的或者重大的……对于每个想要提出更漂亮的问题人都有漂亮的回答。[1]

在这些看似矛盾的说法中，我们却发现了诗的秘密的踪迹。这些矛盾的说法也说明了一个人不定型和非现实的本性，这就是他真正的本性，一个现代诗人的本性。他知道："他只能活一瞬间，这一瞬间就是一颗透明的珍珠，饱含着他的呼吸。"美肯定就藏在这个秘密的附近。西蒙娜·韦尔说，美既和一瞬间的存在有联系，也和永远的存在有联系。诗的秘密大概就像兹比格涅夫·赫贝特[2]在他的《木头片》中说的那样："一块木头可以描写它的外形，但我们注定永远不会知道它的本质是什么。如果马上把它劈开，这里面就有一个壁面，其中的秘密马上就会变成一张树皮……"

这就是一首生动活泼的诗的真正的秘密，"如果我们把一首诗打碎"，这里形而上的眼泪、神秘的颗粒就会变得令人厌倦，成为在理论上毫无意义的字母。但也可以进行这种尝试，因为"打碎"之后就会有碎片，这些碎片很多都会反映它们原有的"整体"。

----

〔1〕 卡明斯：《小翅膀上的正文》，克拉科夫，1983 年。
〔2〕 兹比格涅夫·赫贝特（1924—1998），波兰作家和诗人。译者注。

二　从"阴"和"阳"到阿格 里根特的恩培多克勒[1]

元素是一个文化和哲学的概念，我们对一切伟大文明的论述都要提到它。在中国的文化中，我们可以找到充分运用这个概念的最早迹象。中国的智者总是想要处理好人和自然的关系，为此他们创造了"阴"和"阳"这两个概念，说明了每一种存在和大自然中存在的基本矛盾的本质。

　　阳表示坚实、活泼、温暖、光亮、干燥，而阴则表示柔软、萎靡、阴暗、寒冷、潮湿。阳由于表现了一种积极性，被认为是男性的特性，而阴性因为萎靡消极表现了女性的特性。阳可以说表现了每种现象的一个极端，而阴又是和它相反的另一个极端。[2]

----

〔1〕　恩培多克勒（约公元前495—约公元前435），古希腊哲学家、政治家、演说家、自然科学家和医生，生于意大利西西里岛西南沿海的大城市阿格里根特，他曾经想要阐明各种自然现象，包括土地、水、空气和火这四大元素的特性。译者注。

〔2〕　R.托伊赫曼：《中国、印度和希腊古代哲学中的元素》，原载《哲学研究》1989年第3期，第27、28页。

这里我们不难看到，所有的关于阴和阳的概念都包含在源于古希腊哲学的欧洲文化中说明的四个元素中。当然，有些概念还需要进一步说清楚，它们还可能包括各种不同的元素。在中国，也正力图改变这种混乱的局面：

> 稍后出现的五种元素即五行的理论有各种不同的称谓……按照在理论上经典的说法，这五种元素就是水、火、金、木、土。这里重要的还有它们的排列次序，因为这表现了它们依次出现的时间。整个世界都是由这五种被认为是物质因素的元素组成的。整个世界也都是由于阴和阳这种被认为是非物质的力量不断变化的作用，才处于活动的状态。[1]

不论金还是木都可以归之于土，这样五种元素就变成了三种，和古希腊规定的元素相比，还少一个空气的元素，但也只是表面这样，中国人深深知道空气元素的存在：

> 以太因为它的奥妙一般没有列入这五种元素，被认为是元素中的元素，它不是别的元素造成的，它是永远不会毁灭的，很难说明它的存在，有时候说它是太虚，也就是太空，因为它的稀薄，基本上是看不见的，但并不是说它不存在。

空气虽然没有列入基本的元素，但儒学学者董仲舒对于这个元素有了更多的认识，他在他的《春秋繁露》中说：

----

[1] 米叶奇斯瓦夫·耶日·金斯特：《孔子的事》，华沙，1983 年，第 104 页。

天地之间，有阴阳之气，常渐人者[1]，若水常渐鱼也。所以异于水者，可见与不可见耳，其澹澹也[2]。然则人之居天地之间，其犹鱼之离水[3]，一也，其无间[4]。若气而淖于水[5]，水之比于气也，若泥之比于水也。是天地之间，若虚而实，人常渐是澹澹之中，而以治乱之气与之流通相淆也。[6]

照这么看，空气这个元素是最古老的起源的元素，因为有了它，树木才能呼吸。以木开头，每一个元素都是相互依从的。一般来说，中国人把它们看成是一个由五种对抗的力量的组合，但是每一种力量都要把它依次在后面的那个力量也就是元素拉到一起。每一种力量也都象征性地物质化了。但是将这些元素这么分类却看不出有什么好处，它只是说明了这些元素在宇宙世界中存在的依据，就像人一样，在这里都有它们规定的位置。空气这个元素既被排斥在这个系列之外，又在这里占有一个奇怪的位置，它作为一个元素既存在又不存在，它的存在是被排斥在这个组合之外的。毫无疑问，中国人认为作为一个元素的水和一般的水不同，火除了它的用途之外，它也是一个元素，空气也是一样。只有土的情况比较复

----

[1] 渐：浸润。译者注。
[2] 澹澹：淡薄无形。译者注。
[3] 离：通"丽"，附着。译者注。
[4] 间：隔阂。译者注。
[5] 淖：柔和。译者注。
[6] 董仲舒：《春秋繁露——天地阴阳第八十一》，曾振宇注说，河南大学出版社，2009年出版，第377页。

杂，作为土地是具有功利主义色彩的，但它和作为它的产品的木和金也有血肉关系。中国人关于这些元素的观点是理解他们的文化其他方面的依据，由于去中国的参观旅游和听旅游者的介绍，西方对这些方面的情况，逐渐有了更多的了解。

在印度的文化中，我们也可以见到五行的说法。他们认为木和金作为一种物质的存在并不是最原始的，最原始的是以太。在印度人看来，元素和人本身以及他的精神状况有密切的联系。我们在《奥义书》[1] 中能够找到他们这方面的理论记载，这些文献中有一部《泰帝利耶奥义书》差不多产生于公元前一千年[2]，它认定现实产生于绝对，绝对是一种精神，它是所有有灵性的东西的意识产生的依据[3]。从这个精神产生以太，从以太产生空气，从空气产生火，依次火里产生水，水里出现了土地。

以太是这么一种元素，有了它，我们能听见声音。空气产生于以太，有了空气，我们能听见和有感觉。火产生于空气，

----

[1] 印度婆罗门教的古老哲学的典籍。婆罗门教发展到《森林书》和《奥义书》时代，已开始轻祭祀、重哲理，向思辨的方向发展。该书是关于哲学讨论的主要记录，是婆罗门教的一部哲学教科书。见《世界历史词典》，上海辞书出版社，1985 年，第 663 页。译者注。

[2] 《奥义书》共有两百种左右，大概出现在公元前 800 到公元前 300 年间的古代印度，它的作者和成书时间等详情现已不得而知，因为它在古代印度是一个口述传统的汇编。译者注。

[3] 见"从阿特曼中生出空或原初原质，从空中生出风，从风中生出火，从火中生出水，从水中生出土，从土中生出药草，从药草中生出食物，从食物中生出人。"见《九种奥义书》，（美）罗摩南达·普拉萨德英译，王志成、灵海汉译，汪瀰校，商务印书馆，2017 年，第 155 页。这里的梵文"阿特曼"是自我、灵魂或者绝对精神的意思。译者注。

有了它，我们能听见，有感觉和能看见。水产生于火的元素，它使我们能够感觉不同的滋味。最后是土，它产生于水，有了它，我们能听见，有感觉，能看见，尝到滋味和辨别不同的气味。同样，对形体、气味、滋味、声音以及和什么接触的认知和感觉，都是因为有精神的存在。但是整个现象世界是由于五种元素的存在和它们的配合才得到了发展。这些元素都有自己微妙的对应物，这些对应物就像反映了它们的本质，而且更微妙的是它们都接触了现实最深的层面，即精神的层面。[1]

将元素和精神联系起来这是印度思想研究的一个最主要的成果。从这个时候开始，在对许多别的文化研究中，我们也看到了类似这样的联系。后来，在许多国家和不同时期的文学创作中，也在中国的现代诗歌（如马加和北岛的诗）中，都多次地反映过印度人的这种观点。《奥义书》中提出的这个观点后来加以发展，由生活在大约公元前七世纪的智者迦毗罗形成了一个数论[2]的体系。照他的说法是：

元素一共有五种：以太、空气、火、水和土，……因为以太产生于声音，能够听见。空气也有声音，能听到和感觉得到。火具有发光、发热和前两种元素的属性，它能产生颜色、

----

〔1〕 R.托伊赫曼：《中国、印度和希腊古代哲学中的元素》，原载《哲学研究》1989 年第 3 期，第 33 页。

〔2〕 迦毗罗是印度古代数论派哲学的创始人。数论派哲学是婆罗门六个正统哲学派系之一，也是印度六派哲学中最早成立之一派。迦毗罗生活在什么年代说法不一。译者注。

形状，还有声音，感觉得到。水有味道、颜色，能触摸得到，也能发声，能听到。土有所有元素的特色，它有气味、滋味、颜色、形状，能触摸得到，也有声音，能听到。[1]

印度的元素以一种神秘的办法能够增加一个人的能量，至于能够增加到什么程度决定于这个人的精神素质。元素间接地形成他的精神，这种精神也表现在大自然中：

不能把元素看成是脱离了整个宇宙的东西，在这个宇宙中，人占有重要的位置。人虽然是由一些元素构成的，但他要解脱元素的控制，也并不是无能为力的。只要他对它们有了认识，在经受了各种痛苦之后，他会获得一种能量，使他解脱这些元素对他的束缚。[2]

在近东的古代文化中，元素的概念出现在一些神话和宗教的文献中，经常被看成是宇宙起源和演化中出现的一种现象。我们在古代伊朗的神话中，可以找到这方面最有趣的例证。这些神话的出现和地中海东的文明的产生有密切的联系，这里出现过《圣经》。照这个地区古代文献上的说法，天是奥尔穆兹德[3]创造的，这个大力士：

用光线把天和地连起来了，他创造了一些星座里的星星，

----

〔1〕 引自 R.托伊赫曼：《中国、印度和希腊古代哲学中的元素》，原载《哲学研究》1989 年第 3 期，第 34 页。
〔2〕 同上，第 37 页。
〔3〕 即阿胡拉·玛兹达，琐罗亚斯德教中的善界最高神，代身为光明神。译者注。

但是行星不在这些星座里，月亮边上有太阳。星座里的星星排列得很整齐，就像军官们排在他们的队伍里那样，这就是奥尔穆兹德的军队……这些星星都有灵性，能够和阿里曼[1]的恶神进行斗争。[2]

奥尔穆兹德和他的助手阿姆沙斯潘德[3]们在三百六十五天内先后创造了天空、水、土地、植物和动物，最后还有人。这个顺序也使我们想到了《圣经》"创世记"中的"天地万物的创造"。古代波斯人认为只有天、地、火和水是元素，但是他们也按序提到了一些小的元素，如植物、动物和人，这是典型的神话传说。我们在琐罗亚斯德[4]的宗教神诂中，还可看到两种不同的元素，即精神元素和物质（自然）元素。每一种元素都有其产生的因由，"第一种元素是因为古时候对人的灵魂的特性，它有发展的可能和它的弱点，从心理学的角度进行了研究，第二种是对农业生产的崇拜，看到了植物的生长。"[5] 琐罗亚斯德关于元素的说法来自佐而文派和摩尼教的信仰。佐而文派是近东地区公元一世纪在知识阶层中产生的一种哲学理论，这在另外一些抽象的理论中是没有的，在我们看来，并不十分有趣，只是最早提出来的一种时间的概念而已，所

----

[1] 古波斯宗教中的恶神。
[2] M. 斯克瓦丹科娃：《伊朗的神话》，华沙，1989 年，第 31 页。
[3] 在阿胡拉·玛兹达的周围拥有一批天使和扈从，这里说的阿姆沙斯潘德大概是其中的一个。译者注。
[4] 古代波斯宗教的预言家和改革者，生活于公元前 7 至公元前 6 世纪前半期，是琐罗亚斯德教的创始人。译者注。
[5] M. 斯克瓦丹科娃：《伊朗的神话》，华沙，1989 年，第 41、42 页。

有的一切都归之于佐而文的代表"无限时间"，从它那里得出了一个物质的概念[1]。使我们感兴趣的是第二种信仰摩尼教，这个名称来自它的创始人摩尼，这个教的信徒们认为：

　　善和恶、光明和黑暗是两种最原始的精神，它们之间最初没有任何联系。每一种都只是存在于自己所在的地区，光明在北方的地区，黑暗在南方的地区，每一地区都有这里的统治者，在北方是一切伟大之物的父亲，在南方是黑暗世界的公爵。光明可以分为五个部分，也是五种力量，或者五个神明，他们是知识之神、智慧之神、思想之神、考虑（审慎）之神和意志之神。黑暗公国也有五个部分：烟的世界、灭火的世界、熄风的世界、水的世界和影子的世界。在每一个黑暗世界中都有一个模样非常可怕的统治者。光明地区在东方、北方和西方，位置很高，而黑暗地区都在南方，因此黑暗的四周都被光明包围，这是宇宙存在的第一个阶段。到第二个阶段，光明和黑暗就混在一起了。这里的情况是：在黑暗的地区总是不安定的，那里有斗争，有时候爆发内战，因为那里有恶势力。这个黑暗公国的统治者在这个国家的边境上，他在这里看见了那个光明地区是那么光亮和宏伟，因此有一种野心，想要征服它。但是光明地区的统治者：一切伟大之物的父亲对这早有察觉，便创造了实际上是从他自己的体内分出了一个生活之母。

----

〔1〕　佐而文派是琐罗亚斯德教神学的异端派别，zurvan 在中古波斯语帕尔维语中有"无限时间"的意思。译者注。

这个生活之母给予了第一个人生命，有的人称他奥尔穆兹德。这个第一个人要帮助他的五个儿子：空气、风、光、水和火，和他们一起到边境上去，黑暗在那里正窥视着他们。可是他们并没有打败黑暗公国的公爵，五个兄弟成了黑暗势力的奴隶，这样就把光明和黑暗混起来了。[1]

这里我们看到，摩尼教徒是如何应用某些元素的概念的，他们把它们当成是一种力量，甚至把它们当成人使用的武器。他们把水、火、空气和土地都当成是一些原始的力量。他们没有用"元素"或者"五行"这个说法，但是他们却不自觉地运用了中国人和印度人用的概念。

在近东的文化中也有这样的神话，例如古埃及的宗教信仰中，也可找到这样的元素，它们的产生与影响和尼罗河的周期性汛期的来到有关。在古埃及的神话中，正像马加的诗中所说的那样，最复杂的是水这个元素的说法，但它依然是有规律的：

尼罗河的水汛每年都会不断地发生，但是很有规律，它自然和太古的海洋有联系，这是古埃及的神学思想的一个主要的表现，不能过高地估计尼罗河水汛对古埃及文明发展的影响，但它的出现对于尼罗河上这个国家生活秩序的安排却有决定性的影响。它就像一个宇宙那样，规定了埃及一年内的时间的安排。汛期的第一天就是新年这一天，然后这一年就好像要使这个国家回到原始的状态……古埃及人很难想象

----

[1] M.斯克瓦丹科娃：《伊朗的神话》，华沙，1989年，第41、42页。

会有和他们的国家不一样的地理环境和大自然……一句话，古埃及就是整个世界，这个世界之外的一切都在一片混乱中。世界是从原始的海洋中出来的，但是原始的海洋并没有消失，只是被推到了一边，然后在所有的方面包围了这个世界，而且它还不断想要吞食这个世界，就像一本所谓的《亡人书》中说的那样，说不定什么时候这个世界就会被这个原始的海洋吞食掉。所以古埃及人特别注意对大自然的观察，要认清大自然中出现的各种现象，有的是混乱的再次出现，有的是要再创造一个世界。类似这样的情况的发生是很多的。在谈到尼罗河的水汛以及和它有关的一年的开头的时候，很容易使人想到这个国家的原始状态，每个月的第一天也就是新月出现的第一天。还有每天太阳的西落也会造成混乱，埃及天空的云很稀少，黑夜就是原始的海洋的黑夜，它使人感到就要睡觉，然后醒来，想象中的死神更加清晰可见。大自然每天早晨、每个月、每年都会提供证据，说明创造的行动永远不会停止。[1]

在古代埃及，所有的一切都发生在尼罗河的周围。这条就像中国的黄河和扬子江样的大河曾经被认为是一个秘密而又可怕的元素，这里到处都有凶猛的野兽，但它们也能用来制造许多新的食品。

----

〔1〕 A.尼文斯基：《古埃及神话和宗教的象征》，华沙，1984年，第24、25页。

古希腊文化的产生和近东以及古埃及文化有密切的联系。希腊的思想家们常常来近东和古埃及这些国家进行考察，所以说，古希腊哲学的护卫者是柏拉图和亚里士多德这两个伟大的旅行家也不是偶然的。我们可以看到，这里开始提出元素的概念，和泰勒斯[1]从神学的观点转变为哲学观点是有关系的。正是这位哲学家，第一个认为物质不是神灵，提出了元素的概念：

> 所有的一切都来自水，是从水里产生的，由水组成的。可以猜测，这并不是一个新的观点，在泰勒斯之前，就有人提出来了。但泰勒斯说的是一个现实的客体，他以前的人说的是一些神秘的概念，例如俄刻阿诺斯[2]和忒提斯[3]，他们研究的不是科学，而是神话。要进行科学研究，就要改变思想方法，不仅要改变面对现实的思想方法，也要改变神秘的思想方法，希腊爱奥尼亚[4]的思想家们有了这样的改变，他们中的第一个就是泰勒斯。[5]

----

[1] 泰勒斯（约公元前624—约公元前546），古希腊哲学家、数学家和天文学家，生于小亚细亚西岸的爱奥尼亚城市米利都，亦称爱奥尼亚哲学家，或米利都学派的创始人。泰勒斯是朴素唯物论者，认为万物皆生于水，最终又复归于水，其著名格言为"水是最好的"。他力图还给自然界本身以物质的面貌，实际上是对当时流行的宗教神学的一种否定，在哲学与科学尚处于浑然一体的时代，他被认为是古希腊自然哲学学派的开山者。译者注。

[2] 希腊神话中的大洋神。译者注。

[3] 希腊神话中的海中神女。译者注。

[4] 古希腊小亚细亚的一座古城，也是一个地区。译者注。

[5] W.塔塔尔凯维奇：《哲学史》，华沙，1978年，第1卷，第24页。

泰勒斯的学生阿那克西曼德尔[1]提出了一个"无限"的概念，所有的一切都是从"无限"中来的，每一种物质在"无限"中都有它的位置，很早很早以前就存在：

> 阿那克西曼德尔不仅研究了原始物质形成的规律，而且对于它们是如何形成的，都作了具体描写。他根据大家都接受的一般原则力图说明为什么大自然是这样，而不是那样，例如为什么地球在中间，天空在它的周围。在我们掌握的资料中，了解到阿那克西曼德尔是第一个研究宇宙非神话的起源，他在这里没有谈到诸神，在对世界以后的发展阶段他也坚持了这个原则。此外他也指出了宇宙的形成从一开始就有矛盾，比如冷和热，在冷和热中出现了物质各种不同的状态，首先是土，土是最密集的，然后是水、空气，一直到飞舞的火焰。土是最沉重的，在中间，以它为中心，它的周围都是较轻和温度更高的物质，比如水，它会部分地蒸发，只是在土和空气之间占有一些位置。这个世界的四面都是火，就像树皮包着树一样。这个火的层面如果散开了，它有一部分就会有一种离心力把它抛到空中，然后它就创造了一个个的天体。[2]

----

[1] 阿那克西曼德尔（约公元前611—约公元前546），古希腊哲学家，生于小亚细亚西岸的爱奥尼亚的米利都，是泰勒斯的弟子，研究过数学、天文学和地理学。提出与泰勒斯不同的观点，认为宇宙的基本元素是"无限"，万物皆生于"无限"，又复归于"无限"。"无限"是充满空间、永无穷尽的无形物质，它具有冷、热、干、湿的属性。

[2] W.塔塔尔凯维奇：《哲学史》，华沙，1978年，第1卷，第28页。

米利都的第三个哲学家阿那克西米尼接受了阿那克西曼德尔的"无限"的概念，他认为空气是"无限"的：

> 他认为，它在所有的物质中，是一种在数量上无限的物质，就好像没有止境。其次，它对希腊人的某种概念的形成也一定有影响，例如灵魂（表现为呼吸）。在本质上和空气没有什么不同，如果灵魂能够维持一个躯体生命的存在，这就是说这个躯体靠呼吸空气来维持它的生命……阿那克西曼德尔提出的第三个也是他的一个主要的观点说的是空气的变化，认为在这种变化中，便产生了所有的物体。[1]

还有爱菲斯的赫拉克利特[2]，他注意到了现实中的一个基本元素，在他看来，"火成为海，成为土，然后又是火。"[3] 这个火在赫拉克利特看来并不是大自然的因素，而是一个变化的阶段。虽然现实是一条不断流着的河流，它建立的基础依然是变化的火。此外还有阿那克西曼德尔的学生、来自东方爱奥尼亚移民区的克塞诺方斯，认为土地上存在所有的元素。土地在这里变成了另一种状态，克塞诺方斯反映了埃利亚学派的思想[4]。但只有阿格里根特的恩培多克勒才明确地提出了四个元素的理论，他说：

> 一些不变的成分都可以连在一起和分开，它们自己是不会变的，但是它们的结构和系统会改变，它们既能够创造，它们

----

〔1〕 W.塔塔尔凯维奇：《哲学史》，华沙，1978 年，第 1 卷，第 29 页。
〔2〕 赫拉克利特：古希腊哲学家，出生在爱奥尼亚地区的爱菲斯城。译者注。
〔3〕 W.塔塔尔凯维奇：《哲学史》，华沙，1978 年，第 1 卷，第 30 页。
〔4〕 埃利亚学派认为事物永远存在不变。译者注。

创造的东西也会消亡。一些组成部分连着另一些，便形成了各种不同形状的物体，"什么东西产生后，都不会消亡，也不会成为要毁灭一切的死神"。"它只会和别的混在一起，用这些混在一起的东西替代它。"如果是这样，那就要抛弃第一批哲学家认为世界只有一种基本物质的一元论的观点，接受多元论的思想。恩培多克勒认为世界有四个不同质的组成部分，也就是说有四种物质。他的前辈们已经有了对它们进行选择的办法。但时至今日，每一个物理学家都认为只有一种类型，而且他们每个人认定的类型都不一样，阿那克西米尼[1]认为是空气，赫拉克利特认为是火，克塞诺方斯还有一些别的哲学家认为是土地。恩培多克勒采取了一个最没有争议的办法，他集合了这些不同观点，承认有四种物质的存在，即水、空气、火和土地，这是在大自然中最最普遍存在的物质的类型，它们自身具有的密度也不一样。每一个都是不同种类的物质（火对流动的气体来说，它处在第四的位置），恩培多克勒把这四种原始的物质称为"万物的根"，后来他便习惯地称它们为元素。[2]

恩培多克勒还认为，有两种力量在驱动这些元素，这就是爱和矛盾，所以：

世界具有什么制度取决于这个时候什么力量占有优势。以

----

〔1〕 阿那克西米尼（约公元前585—约公元前528），古希腊哲学家，生于小亚细亚西岸的爱奥尼亚城市米利都，是阿那克西曼德的弟子，认为宇宙的基本元素是空气。译者注。

〔2〕 W.塔塔尔凯维奇：《哲学史》，华沙，1978年，第1卷，第41页。

这个观点来看，世界的历史可以分四个时期：一、原始状态时期，没有任何力量在活动，一些元素也没有活动，它们也没有变小，都在自己的位置上，很有秩序。二、出现矛盾的时期。第三个时期，把所有的元素都混在一起，造成了混乱。然后是第四个时期即爱的活动的时期，把相似的元素都连在一起，扩大元素的范围，再回到它们最初和睦相处的状态。世界历史的下一阶段也是按照这个规律发展的。第一阶段和第三个阶段，没有力量的活动，是没有活动的埃利亚时期[1]。第二和第四是赫拉克利特的变化时期。[2]

恩培多克勒以后的一系列哲学家的观点都和那些认为只有　种元素占主要地位的思想家的观点相近，他们有的赞同阿格里根特的恩培多克勒提出了四个元素[3]的理论。柏拉图和赫拉克利特一样，认为火起一种特殊的作用。在他看来，所谓内火和外火是同源的，它们对世界和个体命运的产生都有影响，他在《对话录》中写道：

内火和空气混在一起，它进到空气里面，又从那里出来——当一个机体活着和没有死去的时候，它的火就是这样。

- -

[1] 埃利亚学派：古希腊苏格拉底以前的一个哲学的学派，是克塞诺方斯约公元五世纪在意大利南部的埃利亚创建的，认为现实的存在是不变的，也是不动的，所谓运动和变化都是错觉。译者注。

[2] W.塔塔尔凯维奇：《哲学史》，华沙，1978 年，第 1 卷，第 413 页。

[3] 恩培多克勒（约公元前493—约公元前433），古希腊哲学家，认为没有什么东西真正产生和消灭，而只有造成万物的元素的结合（生成）和分离（消亡）。他认为万物的基本元素有四种：火、水、土、气，它们是"万物之根"，是不变、不灭、永远存在的。译者注。

这个称呼它的人把它说成是一种吸进和呼出的现象。这些行动的全过程和它的影响使我们这个饱含水分和冰凉的机体得到了滋养，能够活下去。事实上，这一系列的吸和呼的过程中，火一直是其中的参与者，是和它们在一起的。这个火在这个机体的胃中上升，带着机体中的水分和食物，一路上把它们撒下或者分成许多小块，带在身边，走过了一些小道，就像是吸取了泉水后，把它注入脉管，泉水在脉管里就像在水管里一样，流遍了全身……每一个动物体内最热的部分都是靠近血。

在柏拉图看来，火能够使所有的一切都动起来，它还影响到我们知觉的这个世界具有什么样的形状。R. 托伊赫曼将柏拉图说的元素的活动和一个人的生理机能联系起来，他说：

> 按照对话的说法，火的元素和空气、水和土地的元素是一起活动的，它们也是一个人的生命的活动，这种活动也和宇宙的产生与发展有关，因为人是其中主要的参与者。是元素创造了这个世界，它的形状是圆形，它在进行环绕的活动，这是最美好的表现。世界里包容着各种不同种类的生命，这里到处都是有生命的东西。世界本身也是一个看得见的活的生命。此外它也呈现出了一些看不见的东西反射出来的图像，因为这些看不见的东西也是现实的存在。

亚里士多德的观点和这不一样，他认为，元素是一种"物质实体"，也就是说，它总是处于静止的状态，斯塔吉内塔把元素放在普通物质的层面上，在许多物体中，它并不突出。托伊赫曼认为，元素包括下面几种：

以太、空气、火、水和土。以太是第一个，它不生不灭。所有这些元素都是根据它们的特性进行分类。亚里士多德认为这些元素在宇宙世界中的活动不能用自然的概念来对它们进行解释。因为"自然是一个原则，是物体处于活动或静止状态的内部原因，物体有它的本质，它的存在不是偶然的。所有的自然物体都有活动的本能，因为它们都有自然的属性。活动——特别是空间的活动有两种，简单的和复杂的。简单的是说活动体即元素是单一的，复杂的是活动体由多种元素组成，很复杂。活动有两种类型：直向即直线活动和环形活动，因此所有的元素活动的方向不是从宇宙中心往外（亚里士多德称之为大地的中心）就是朝着宇宙的中心而去，或者就是围着宇宙打转转。我们认为第三种活动是最好的（既没有开始，也没有终止），那些永远不变的星星和行星就是这样……一种元素可以变为第二种元素，如从火里能产生空气或者土，空气里产生火或者水，水里又产生空气或者土，从土里产生了水或者火等。这些元素可以理解为一个复活体，从一个可以变为另一个，这样就会失去它原有的特性。这里面就有矛盾，如果各种元素能够互相变化，那么对于亚里士多德来说，它们相互之间虽有矛盾，也不是不能融合在一起的，但是在他看来，因为有些元素不能分为各种特别不同的形体，如果要是这样，就会改变它们的性质。"

在某种意义上说，亚里士多德否认基本元素存在的观点和他对于这种观点的批判后来一直有人在进行研究。一直到新时代哲学的研究中，才肯定了这些元素的价值，最早表示这种肯定的是希腊自然科学哲学家爱奥尼亚。吉狄马加是新时期的中国诗人，受过很好的教育，在他的作品中，不仅有欧洲古代，也有来自近东思想的脉络，他的诗歌思想表现了相距遥远的地区文化元素的概念，他把它们运用在他的汉语诗歌，从一开始，就继承了汉族和古老的彝族神话传统。

三　大河

　　吉狄马加——中国现代最著名的诗人之一——创造了扎根于诺苏人传统的诗歌文化[1]，它的产生深受毕摩祭司[2]古老的魔法意识和祖先的思想精神的影响。他们创造了一个看不见的唯灵论的意识空间，这些山里的人在这个空间里形成了一个整体，他们很希望保持拥有那种纯洁和充实的精神状态，他们生活在一个大的集体中，表现了一种自然的美，总是希望将其展示在他们命运的深层元素中，他们认为这些元素是存在的，和整个宇宙的起源、天体演化的进程以及这个进程最普通的连续不断的规律都有密切的联系。这说明他们感觉到了以太和元素的存在，因为这些元素不仅形成了白天和黑夜，而且也在人的体内，给他造成了衰老和痛苦，因为时间有一种能够毁灭一切的力量。人的意识很少这么清晰地反映在诗歌

----

[1]　马乌戈扎达·列利加不仅这么认为，而且她还指出了吉狄马加的文学已经走向了世界，她说："吉狄马加被认为是中国出身于少数民族的最有名的诗人之一。他用中文写作（这是说用中国的普通话写诗），但是他的诗充分反映了彝族的文化思想，和这个民族的习惯、生活的地区和他们的面貌都有密切的联系。"
[2]　毕摩为彝族中的文化传承者和原始宗教祭司。译者注。

中，但是它在闪光，可以成为一团明亮的火焰，穿过时间巨大的阻隔，把它所有的形体和变化都描绘在一个空间里。马加充满了温情的诗就像展开的翅膀那样，展现了一幅宽阔的全景图，这里反映了整个时代的精神，与在群山、在湖泊中和野兽、鸟类以及一切有生命的东西和睦相处、自由自在的民族特性。诗人认为恩培多克勒说明了四个基本元素的潜在能量很重要，它们和中国人提出的类似这样的元素关系密切，形成了一个单独的哲学体系。马加关于水的元素的描写首先表现在他献给黄河〔1〕的一首非常美好的长诗中，这不仅是作者，而且也是整个中国现代诗歌创作中取得的伟大成就。这种和大自然比较的尝试和提出一些非常大胆的论断正是《我，雪貌……》的作者所特有的，他综合地表达了对大自然的基本能量多方面的感性认识。在他的哲学见解中，还有他对许多具有神话色彩和来源于他的民族的民间传说中的宗教仪式的看法。这些传说都是很久很久以前经过一代又一代的彝族人传下来的，它们在欧洲实际上是不为人知的，只有汉学家们知道它们在来自彝族社会的创作者们的作品中所占有的组成部分和分量的多少。马乌戈扎达·列利加让波兰的读者对关于这个古老民族的创始的一本大书有了更多的了解，她说：

> 《送魂经》是一部展现天和地的创始、动植物和人的出现的不同阶段的伟大史诗，同时它也讲述了不同民族的产生和

---

〔1〕 黄河是中国的第二大河和世界的第五大河，它发源于青海省的青藏高原，长 5464 公里。

他们最早的云游生活的神话故事。这部史诗的版本很多，但是没有一个标准版本，那众多版本的长短和其中描写的一些细节都不一样，有的以口头流传下来，有的有刻版的文字记载，都是一代代的毕摩传承下来的，他们在举行宗教仪式时就要朗诵其中相应的片段。这部《送魂经》中描写的一个最重要和最为大家熟悉的人物是支格阿鲁[1]——所有彝族人的英雄。支格阿鲁的出生是因为当时有许多鹰在他的母亲的头上飞舞时掉下了一滴滴的血，使她受了精。支格阿鲁的童年是在一些龙中间度过的，受到了龙的教育。他成为一个成年男人后，完成了许多英雄壮举，如他射下了十一个太阳和月亮，以其火热烧死了地上的生命。同时他也使一些大的爬虫和两栖动物都变小了，迫使它们生活在今天生活的地方。后来太阳和月亮怕他再射它们，都藏起来了。但他又把它们叫了出来，规定它们什么时候可以显现在天空上，这样就最后划分了夜晚和白天的界线。这个史诗还有一些人们最熟悉的情节，说的是十二个雪的部落的出现，从天上降下了毁灭性火热之后，又落下了红色的大雪，这个雪就变成六个"没有血的部落"，即植物和六个"有血的部落"，即野兽、鸟和人。

在《送魂经》中，地球上所有的生命都来自天上，而人却使这些植物和动物都变得更加优良或者更加驯服，因为和所有的生物相比，人都是最有智慧的。人是属于"雪的部落"，

[1] 支格阿鲁：彝族英雄史诗的主人公，在彝族的传说中被视为鹰的儿子。译者注。

被认为是这个复杂的世界的一个有机的组成部分，它的所有的组成因素都是互相渗透的。

　　这种对于地球上以各种形式出现的生物之间的联系的感受是吉狄马加诗中一个最富于特点的表现，但是这种联系的十分复杂的情况是永远说不清的。

马加和这种宗教信仰的联系首先表现在他的一首长诗中，让读者注意到一条非常大的河，多少世纪以来，它却是中国国家机体中的一条主动脉：

> 在更高的地方，雪的反光
>
> 沉落于时间的深处，那是诸神的
>
> 圣殿，肃穆而整齐的合唱
>
> 回响在黄金一般隐匿的额骨
>
> 在这里被命名之前，没有内在的意义
>
> 只有诞生是唯一的死亡
>
> 只有死亡是无数的诞生[1]

黄河在这里说明了宇宙的起源和在它之上有创造万物的神祇，也说明了地质年代的变化，在这种变化中出现的物质的概念也不一样，生就是死。这就是在太阳系中出现行星那个时候的状况，宇宙中有礁石的碰撞，由于宇宙结构的改变就出现了新的天地，在这个天地里后来就孕育了生命。

- -

〔1〕 引自吉狄马加的《大河》。译者注。

那时候，光明的使臣伫立在大地的中央

　　没有选择，纯洁的目光化为风的灰烬

　　当它被正式命名的时候，万物的节日

　　在众神的旷野之上，吹动着持续的元素

　　打开黎明之晨，一望无际的赭色疆域

　　鹰的翅膀闪闪发光，影子投向了大地

　　所有的先知都蹲在原初的那个入口

　　等待着加冕，在太阳和火焰的引领下

　　白色的河床，像一幅立体的图画

　　天空的祭坛升高，神祇的银河显现[1]

　　这条大河的河面上开始闪光，成为天空的祭坛，众神在银河的道路走到了宇宙的尽头，但他们规定了大地的大小和形状。然后是人的活动，这是古代像支格阿鲁这样的英雄按照一定的方式使之出现的，也是诗人根据他的先辈们意识所进行的一种特殊的想象，诗人总是要追溯到在黄河最早由许多别的流水汇集而成时那些祖先对这一切的看法，并认为这条大河的水的面积每时每刻都在不断扩大，也变得更有力量。这样一种假想也曾出现在对行星产生和出现的历史的看法中。因此认为是河神给予了这条大河以无穷的力量，并且等待大自然的元素给它戴上王冠，它在民歌、传说和诗中也更神圣化了。在那些河神表示愤怒的低声细语中——就好像巫师的诅咒——开始出现神话中的部落，这些部落就生活在大河周围的

----

〔1〕 引自吉狄马加的《大河》。译者注。

地区：

> 那时候，声音循环于隐晦的哑然
>
> 惊醒了这片死去了但仍然活着的大海
>
> 勿须俯身匍匐也能隐约地听见
>
> 来自遥远并非空洞的永不疲倦的喧嚣
>
> 这是诸神先于创造的神圣的剧场
>
> 威名显赫的雪族十二子就出生在这里
>
> 它们的灵肉彼此相依，没有敌对杀戮[1]

这是对这条河一声巨大的顿呼[2]，要把亮光都藏在天的圣像龛中，使声音响遍这空寂的以太空间。诗人在听到了这个空间里的不停的喧闹，在这种喧闹中便出现了部落的形式，这些部落也会形成一个有机的整体：

> 对生命的救赎不是从这里开始
>
> 当大地和雪山的影子覆盖头顶
>
> 啊大河，在你出现之前，都是空白
>
> 只有词语，才是绝对唯一的真理
>
> 在我们，他们，还有那些未知者的手中
>
> 盛开着渴望的铁才转向静止的花束
>
> 寒冷的虚空，白色的睡眠，倾斜的深渊

----

[1] 引自吉狄马加的《大河》。译者注。

[2] 把不在场的人当作在场的人来招呼，把无声物当作有声物。译者注。

石头的鸟儿，另一张脸，无法平息的白昼[1]

这条河便有了原始的诸神赋予的神圣的职责，变得十分活泼，它使冰冻的荒土变成了生机勃勃的国度，在这个国度中也不断地出现了一代又一代新的生命。白天不停闪耀着的光亮代替了一片漆黑。水的元素的活动使一些黄河流到黄海里去，同时它也使这片活跃的黄土地上有了一条水路交通线，可以行驶各种船舰。马加想要追溯到远古的年代，用诗的语言和形象来展现黄河在地面上最初形成的那个时刻，它的河床的各种改变以及它是怎么千方百计要寻找生机，流到许多崇山峻岭中，到那些没有君王统治秩序混乱的地区，要把那里变成一片充满生机的乐土。

> 此时没有君王，只有吹拂的风，消失的火
>
> 还有宽阔，无限，荒凉，巨大的存在
>
> 谁是这里真正的主宰？那创造了一切的幻影
>
> 哦光，无处不在的光，才是至高无上的君王
>
> 是它将形而上的空气燃烧成了沙子
>
> 光是天空的脊柱，光是宇宙的长矛
>
> 哦光，光是光的心脏，光的巨石轻如羽毛
>
> 光倾泻在拱顶的上空，像一层失重的瀑布
>
> 当光出现的时候，太阳，星星，纯粹之物
>
> 都见证了一个伟大的仪式，哦光，因为你

----

[1] 引自吉狄马加的《大河》。译者注。

在明净抽象的凝块上我第一次看见了水〔1〕

光的出现——在过去宇宙起源学中——是说从什么也没有中创造了一个东西，就像弗拉择斯说的那样："这是一个魔术的公式，它变成了一个可见的形体。"有人是这么理解宇宙起源的：

> 宇宙起源是最重要的事件，因为它表现了一个现实的变化，这就是创造了一个世界。此后所出现的重要的变化都是和宇宙活动的节奏有联系的，在我们看来，这里依次有许多环节和不同的周期性的运转，星球的运动，一年依次出现的季节，月相，植物生长的秩序，尼罗河的潮起潮落等。正是这种宇宙活动的节奏周期性的变化"第一次"说明了它在时间上的安排是十分完美的。〔2〕

河流就像人一样，是要变化的，经过千万年才形成了自己的面貌。照这么说，它就是一个不断变化的象征，可以在复杂的中国现实中找到对它的解释：

> 从这里出发。巴颜喀拉〔3〕创造了你
>
> 想象吧，一滴水，循环往复的镜子
>
> 琥珀色的光明，进入了转瞬即逝的存在
>
> 远处凝固的冰，如同纯洁的处子
>
> 想象吧，是哪一滴水最先预言了结局？

----

〔1〕 引自吉狄马加的《大河》。译者注。
〔2〕 米尔恰·伊利亚德：《信仰和宗教思想史》，华沙，1988 年，第 61 页。
〔3〕 巴颜喀拉山，黄河发源地。巴颜喀拉，蒙古语，意思是富饶青色的山口。

并且最早敲响了那蓝色国度的水之门

幽暗的孕育，成熟的汁液，生殖的热力

当图腾的徽记，照亮了传说和鹰巢的空门

大地的胎盘，在吮吸，在战栗，在聚拢

扎曲之水，卡日曲之水，约古宗列曲〔1〕之水

还有那些星罗棋布，蓝宝石一样的海子〔2〕

　　巴颜喀拉山是黄河源头的一个山脉，当地人说它的意思是富饶青色的山口。这是一个神奇的地方，诗人回想着那个元素的本质，连一滴水都有它水的密码，那里反映了它那多年的巨变，然后才形成了新的神秘莫测的空间。黄河在这里的三个源头：扎曲、卡日曲、约古宗列曲的形成不是没有原因的。它们应当在万物生长的原始时期就已经存在，后来它们形成了这条大河的主动脉。马加很深刻地将宗教神秘的水变成了物质的水，这两种水互相渗透，在这里显示了他的诗情画意的美，"琥珀色的光明"，"还有那些星罗棋布，蓝宝石一样的海子"，这个山里的地般——属于土地的元素——就成了河的两岸，给予了它动力，把它当成了产生能量的第一个元素，使它成了一个羚羊、雪豹能够生存的世界，此外这里还可听到猎人远处的号角声。马加在他的长诗中表现的对大河的赞美，赞美它在原来毫无生机的荒漠上创造的一切。长诗后面的几段无疑也反映了诗人的激动心情，特别使他感到骄傲的是，这条河依

----

〔1〕　扎曲、卡日曲、约古宗列曲，为黄河源头三条最初河流的名字。
〔2〕　引自吉狄马加的《大河》。

然在不断地创造：

> 哦大河，没有谁能为你命名
>
> 是因为你的颜色，说出了你的名字
>
> 你的手臂之上，生长着金黄的麦子
>
> 浮动的星群吹动着植物的气息
>
> 黄色的泥土，被揉捏成炫目的身体
>
> 舞蹈的男人和女人隐没于子夜
>
> 他们却又在彩陶上获得了永生
>
> 是水让他们的双手能触摸梦境
>
> 还是水让祭祀者抓住冰的火焰
>
> 在最初的曙光里，孩子，牲畜，炊烟
>
> 每一次睁开眼睛，神的面具都会显现[1]

黄河和它所承载的黄土地既是写实，也有它的喻义，因为它塑造了炫目的身体，使许多艺术的虚构在彩陶上获得了永生。人在这里将水和火的元素连在一起，在神话般的清晨的曙光里，人们看见了神的面具，也就是童贞的纯粹的大自然的面具，黄河就流淌在这个面具里，诗中拟人化地把它比成原始的母亲：

> 哦大河，在你的词语成为词语之前
>
> 你从没有把你的前世告诉我们
>
> 在你的词语成为词语之后

----

[1] 引自吉狄马加的《大河》。译者注。

你也没有呈现出铜镜的反面

你的倾诉和呢喃，感动灵性的动物

渴望的嘴唇上缀满了杉树和蕨草

你是原始的母亲[1]

关于这首诗中对神话中的母亲的描写这里应多谈一点，因为诗人将彝族的母系社会和水的元素联系起来了，吉狄马加的二十首献给母亲的十四行诗乃中国现代诗歌创作中的伟大成就，它们都继承了早先那些世纪的抒情诗中对故乡的思念的传统，表现了对这条母亲河的崇高的溯源、崇拜和赞美，因为她养育了诗人，在群山中，在一个大的城市里，还有革命诗歌流派对她的赞美。她的儿子是在她的身边长大的，她使他懂得了在这个世界上生存从一开始到最后都要坚持什么原则，使他对于大自然有了更加深入的了解和认识。这位《大河》的作者每一想到他在凉山度过的那些普普通通的日子和在那栋能避风寒的小房子里的时光，就有很多感触，非常激动。在那栋小房里烧得噼里啪啦响起来的炉膛旁边，他听到过母亲唱的那些颂扬彝族古代英雄们的歌曲，他就是在这里喝了牦牛奶和吃了猎获的鹿肉长大的。他穿的是豹皮和貂皮衣，他从母亲那里学会了家乡的语言，后来还成了运用这种语言的真正的大师。远离外部世界，总是在家人的护佑下，使他在过去那些年代，能够开始洞察大自然的奇观，感觉到宇宙对人的生存状态的重大影响。过去那些叙事的故事、毕摩们的自白，特别是母亲讲述的一些文化发展中

---

[1] 引自吉狄马加的《大河》。译者注。

的新奇的事，有时候她就像一个女巫一样，使他对宇宙世界有了更深的认识。这里可以对马加的民族的宗教信仰作一个系统的介绍：

> 诺苏人的宗教称为"毕摩的宗教"，毕摩是这个宗教一些最重要和最受到尊敬的祭司们的名称。毕摩都戴有黑色的宽边帽，他们都是一些传统和知识的护卫者，非常熟悉和善于鉴定本民族的文献和书籍。他们的任务是负责举行一些最重要的宗教仪式，首先是那些非常复杂的葬礼和被认为是最应受到尊重的将死者灵魂送往阴间，让他享有和祖先同等地位的仪式。对祖先的崇拜是诺苏人信仰的核心和这一民族的联系，熟悉它世世代代的谱系是他们今天能够成一个单独的集体最重要的原因。中国南方一些别的民族也有对祖先的崇拜，他们相信每个人都有三个灵魂，他死了后他这几个灵魂就会去到一些不同的地方，其中一个在死者躯体火化之后和他的骨灰在一起，另一个要去到那死者们的国度，成为后代的祖先，第三个仍留在他生前所在的家里。[1]

诗人对和亲人血肉亲密的关系有很深的感受，因此他对那残酷的死的判决和母亲灵魂的分离感到非常痛苦。他的诗歌创作从诺苏人的传统中吸取了乳汁，懂得母亲对他具有什么命运起着决定作用，也使他和大自然和宇宙世界有了密切的联系，成了将文化传统和现代性，将河流、峡谷和山峰都连在一起的纽带。马加回想起他一生这个最重要的女人的时候，在他们想象中，就要改变过去那个

----

[1] M. 列利加：《吉狄马加，语词和火焰》，华沙，2015年，第9页。

世界的面貌，在那世世代代不断的变化中找到一些偏僻的角落，将过去某些生活的片段、某些不平常的事件和具有魅力的色彩都反映在他的一系列十四行诗中，它们的描写十分细腻，表现了温情，图像也很具体，将这个世界隐喻化了。这些诗对过去的叙说有很多地方涉及当前，并且很自由地进入了神话故事和民间传说的领域，成了世世代代彝人生活和存在的最真实的写照。这些十四行诗在这里有它的整体性，但也是一个各种互相都有关系的因素的组合，成为这部伟大的作品的组成部分。这里也遵循了诗歌创作特别是十四行诗创作的原则，在第一段中有两个四句，第二段中有两个三句。这里也反映了全世界那些伟大的诗人在这方面取得的成就，因为马加和他们都有经常的联系，他们也常来中国做客。

马加的诗着重地表现他和家庭和民族不可分割的联系，证实了这个并不很大的封闭的但又向全世界开放的社会的持续发展，这就以抒情的形式，表达和证实了在东方的这个国度里有这么一些特别优秀的人们，很早很早以前就举行过文化过渡的仪式，有关于日历的神话和农业生产的神话，所有这一切都表现了对神圣和永恒的赞美。除了毕摩，这里最重要的是诗人的亲人和他的部落中和他最亲近的人，当然首先是生育了他的那个女人。他看到了她的衰老和她身上能够见到的一切，而且他还毫不犹豫地将她比作山岳和河流，赋予她一种近乎魔幻的力量，这和以孔子思想为依据的对于母亲的作用的中国传统的观点是不一样的。

亚洲文化中的女人在家庭和社会中任何时候也没有起过首要的作用，中国和西方关于家庭伦理道德的不同概念是在孔子

（公元前 551—公元前 479）思想的影响下形成的，他促成了对在父系宗法制统治下的一个不可分割的大家庭的崇尚，父亲是这个家庭的统治者。一个大家庭和有影响的氏族的形成便成了中国人追求的理想。按照孔子的思想传统，女人在家庭和社会中是低一等的。但是儒家思想也强调了尊敬和顺服，认为这是中国家庭成员之间和睦相处的必备条件，但首先是女人要服从男人，女人被认为是没有充分的价值和不能独立自主的个体。她们不能自由地掌握知识，和人们交往特别是和异性不能交往。作为阴性的少女在一个家庭里是不愿意要的孩子，从她们最小的时候开始就认为她们的价值很低。她们很早就要准备出嫁，被教导要服从长辈、服从未来的丈夫和他的家人（出嫁，是作为妻子和母亲应尽的职责，这就是旧时中国女人生活中要达到的主要目的）。妻子在家里在自己的丈夫的家里是一个站在旁边的人，她的作用就是伺候丈夫和他的家人，如果她生了一个儿子，她的处境会稍微有点儿改善，这样她也会有一种感觉，认为她完成了她的任务，她能够生活在这个家庭里不是没有理由的。如果一个女人不能给丈夫生下一个男性的后代，那么他就有权娶一个情妇，或者再婚，因为她们有可能给予他所期盼的后代。[1]

但是马加着重地指出，她在她的体内将他负载了九个月，在他幼年的时候照顾他，又很用心地看着他长大，成了一个男子汉。因

----

〔1〕 A.尤泽福维奇：《中国现代散文选中的女人——母亲的图像》。

此她在他的诗中表现了所有母亲的形象，这是一座非常宏伟的母亲山，她是所有的一切的创造者，是生活和诗、力量和爱的能量的创造者，她给人们制造了最早和最后的伤痛。我们不难想象，在这样一个被那些无比宏伟的大山包围而几乎消失得无影无踪的小小的家庭里的母亲，对诗人来说是一个多么重要的主体。他的周围都是她对他的爱，她的乳汁、她脸上的微笑对他来说是多么重要，她那紧紧搂抱着他的胳臂是多么温暖，她给予他的甜蜜的吻和她在他的摇篮边对他的抚爱和关照在他的记忆中都留下了深深的烙印。她为他能够走向美好的未来创造了条件，她第一个给他指明了天是蓝的、树木是绿的，指明了远方的山和湖上笼罩的大雾。她教会了他说话，让他见到了飞舞的天鹅，从山坡上滚落下来的岩石、跑到远地去的雪豹和躲藏在悬崖峭壁上的山羊。她从一开始就在他的心里，而他也从一开始就在她的身上和心里，这是永恒的。山峰的影像、大河的分支、一些可怕的元素的面貌，这都是她的创造，是给他的创造，就像一个看不见的创造者，他创造了整个世界，他使所有的物体都奔跑起来，他加快了生育和死亡的进程。毫无疑问，吉狄马加创作的关于母亲的诗已经进入了世界母亲题材的抒情诗的宝库，这是爱的见证，是儿子的回报，母亲使他看到了生活，看到那么神奇的生养的过程，他对她表示感谢。任何人也不会像母亲那样，了解这个未来的诗人的牵挂和期盼，任何人也没有给予母亲给过他的东西。母亲让他在她的体内成形，然后在痛苦的煎熬中让他来到这个世界上，给予了他像宇宙空间一样无边的大爱。谁都没有像母亲那样对他无微不至的关照，面对大自然险恶势力的威胁保证了他的安全。最后，当他要去到一些遥远的城市的时候，谁也没有像她那样，含着眼泪为他送别。因此马加关于母亲的诗乃是对牵挂、牺牲和付出，对像流水一样纯净的爱和像显现在远处蓝天上的雪山一样清晰的情感的最美好的赞歌。一种在母体中已经萌生的和谐，都反映在他的一系列关于河流、山脉、斗兽场上的老公牛、鹿、跑到密林深处的小麂，还有追踪它们的雪豹和猞猁的诗中，这种和谐的情调也是第一次出现在他关于彝族人的诗和他后来的一些长诗中。

在他的那组十四行诗中，展现了两个非常鲜明的形象，一个是死亡，它保证了一代又一代的转化，另一个是火，这是宇宙中所有的一切最后的归宿，因为所有的天体都会在火中被消灭，作为有机体的人的躯体也会在火葬中被消灭。没有死亡就没有世界的变化，母亲也不得不顺从这个痛苦的自然规律，就是她最爱的那些人她也阻止不了他们最后和她一样地死去。诗人的任务就是要拯救那些已经遭到破坏、变得不是原来的那个样子，甚至已经化为灰烬的东西。他可以用他那神奇的语言乐器将每一个空间，每一个时间段，快要失明的眼睛每一滴眼泪和手掌的每一次抚摸都变成神奇的乐调演奏出来。用河流流向的不断变化来说明希拉克利特关于时间流逝的概念，一条河的流向变了，它就不是原来的那条河，一个人也是一样，他死了后会变成自由自在的鱼和鸟，而不再是人。这就是宇宙的脉搏，它在晴朗的夜晚揭开了自己的头骨，展现了它那不可想象的巨大。诗人笔下的母亲参加了这个永无休止的巨变的礼仪，她在这个地面上的生命结束的时候成了诗人描写的对象，因为她很勇敢地完成了她的使命。她的死对宇宙来说微不足道，但是在儿子想象中，却是一个巨大的灾祸，既震撼了他，又使他变得更加坚强，这是一篇包罗万象的大文章。死在他的十四行诗中就成了一个骷髅拿着一把大镰刀来敲万户人家的门。它在这个中国最大的诗人的诗中，就成了所有的一切走向毁灭的伴侣，但它也是那些秘密领域的护卫者和古老的文化和宗教礼仪的传承者。它在这里的象征就是骷髅和胫骨，它的躯体已经烧成了灰，但还有一个笼罩了整个宇宙的棺罩，上面多少世纪以来都在闪光。在大熊星座出现了许多彗星和小行星，每天早晨——由于我们这颗星的存在——就会奇迹般地来到新的一天，出现像晶体样纯净的闪光。马加叙述了母亲的身世和贡献，也接触了人类生存的主题，它经历了以太变化的冲击，但是面对物质的威胁和打击，它是那么软弱无力。这里所展示的一切和民间对神灵的信仰和图腾崇拜有密切的联系，但同时也反映了包罗万象的人道主义精神。母亲是他的护身符，她虽然在这个物质世界上消失了，但她依然在他的精神领域中，诗人和整个人类都一直运行在这个领域的轨道上。

毫不奇怪的是，马加的诗中很少出现他的父亲，因为彝族是一个母系社会，像他的母亲这样的女人在这个社会中的作用是最重要的。其实在中国的社会中很早很早以前，就规定了丈夫和妻子要分居的，葛兰言[1]也注意到了这一点：

　　在中国的社会系统中，有一个组织原则，就是性别的区

----

[1] 葛兰言（1884—1940），法国社会学家和汉学家，写过《古代中国的舞蹈和传说》《中国的节庆与歌谣》《中国人的宗教》和《中国的文明》等著作。译者注。

分，这种区分是很严格的，其中不仅有许多涉及女孩和男孩在婚前的区分的严格的禁令，就是夫妻之间也要保持一定的距离，他们之间处理所有的关系都要格外地小心谨慎。在农民中，性别的区分表现在分工上，男和女就像两个集团互相竞争。

在耕田和织布之间隔着一道性别和工种不同的藩篱。有一个经过许多世纪很容易就流传到了我们今天的中国神话，说的是织女和牛郎这两颗星星（说明了最古老的过去）。他们之间隔着一道神圣的篱墙：被称为天河的银河。织女和牛郎每年只有一次能够跨过天河来相聚，这个时候，他们就可以像节日样庆贺他们夜晚举行的婚礼。[1]

母亲在跨越这条天河的时候，她就是部落的向导，遵守秩序的模范和各种礼仪的维护者，她是对什么都最关心的母亲，把儿子看成是最美好的爱的结晶（织女和牛郎的相会）。诗人每天每夜都感到他披着在她的腹中产生的这张人皮，和她的心是连在一起的。在中国的诗中，特别是在这个出身于隐没在凉山深处的一个小角落的中国诗人的诗中，反映了包罗万象的人生经验，和对宗教文化具有特色的深刻理解。他所理解的母亲是一个高一等的生灵，诗人要向她祈祷。对于从家庭的小火焰发展到宗教的概念的这一过程，詹姆斯·乔治·弗雷泽[2]是这么理解的：

----

〔1〕 引自葛兰言的《中国的文明》。
〔2〕 詹姆斯·乔治·弗雷泽（1854—1941），英国人类学家、宗教历史学和民俗学家。译者注。

如果我们注意到一方面，人在所有的时候和所有的地方的最主要的需求都基本是差不多的，另一方面，他在各个不同的时代又有各种不同的方法将它们加以区分，那我就可以得出这么一个结论，认为我们所能了解到的那种品位较高的思想的发展通常都是从魔法到宗教，再到科学的。魔法，一个人使用魔法，以为自己能够克服困难和消除所有他会遇到的危险。他相信大自然中有一种固定的不可改变的秩序，他只要遵守这个秩序，就能达到自己的目的。如果他发现了自己的错误，并且很悲哀地看到了那种想象的物质存在的秩序和他头上已被篡位的统治者只是一种高级的想象，他就不会再相信他的理智和没有任何人支持的力量，而谦恭地期待那些被大自然遮掩的看不见的伟大的生灵给予他的恩赐，将这些他从远方获得的力量归于他应得的权利。由于他那富于敏感的理智，魔法就逐渐地让位于宗教信仰，用具有像人一样的意志、热情和精神上的变幻无常的生灵来解释大自然的现象及其造成的后果，而这一切在它那里比人要强大得多。[1]

母亲死后无疑进入了超级生灵的国度。因为有这样的看法，这位作者的诗在每一个地域的宽度中都是可以理解的，在所有新的语言的空间中，也都是常在的。这是具体的人们的历史，它也讲过困难的人生。从出生，经过一系列的生活的年代，一直到没有灵魂的死。人的生存是那么脆弱，但和这相反的是他在那些他生活的日子

---

[1] J. G. 弗拉泽：《金枝》，华沙，1879 年，第 508 页。

里又是那么积极主动，充满了活力，虽然到最后通过无形的针眼就会改变成另一个样子。在一首接一首的十四行诗中，马加唤起了纯粹是家庭生活中的积极因素和在远离文明通道的那片国土中的生活的假象，认为这表现了一个新的中国社会的同化过程。作为一个生活环境最好的那个阶层的代表——甚至当过青海省副省长——没有忘记生育他的那个女人赋予他的温情和真诚的品格，而一直为每一个人遭遇的不幸深感忧虑。他虽然从凉山远道来到了北京，然后又到过世界许多文化的首都，但他在心底里一直认为他是彝族的一员，他的母亲——尼子·哥果卓史也是这个民族的一个重要成员，他以他的语言的力量和聪慧表现了她的伟大，他的这种语言也是她教会的，它已经成了他的一个新的祖国，从它那里流出了一条诗的《大河》。

母亲和诗人曾经生活在那些中间隔着许多河流的崇山峻岭中。在这些河边上——特别是在黄河上——有大片的土地埋葬着他们的民族英雄们的骨灰，因此河流就成了把那些古老的年代和新时期连在一起的纽带，使得人们的生活和诗人笔下拟人化的生活的脚步不断地朝前走去，就像长年奔走的马帮一样，我们要记住，关于这种情况米尔恰·伊利亚德[1]是怎么说的：

　　水象征所有潜伏的东西，它淹没了……所有能够成形的东

----

〔1〕　米尔恰·伊利亚德（1907—1986），罗马尼亚宗教学家，西方著名的宗教史学家和哲学家、小说家，写过《萨满教：古老的昏迷术》《神圣的存在》和《图画和象征，关于魔法和宗教的象征主义的随笔》等。译者注。

西，它是它们最早出现的形式，在它的基础上，才有了一个创造世界的过程……沉入水中意味着退化到不定型的原始状态……再浮出水面，这又重现了宇宙成形的过程……因此水既象征死亡，又象征诞生。[1]

诗人对这个知道得很清楚，他在自己的长诗中说出了时间的古老，用他的文字描绘一幅幸福和谐和家庭的美好图景：

> 哦大河，在你沿岸的黄土深处
>
> 埋葬过英雄和智者，沉默的骨头
>
> 举起过正义的旗帜，掀起过愤怒的风暴
>
> 没有这一切，豪放，悲凉，忧伤的歌谣
>
> 就不会把生和死的誓言掷入暗火
>
> 那些皮肤一样的土墙倒塌了，新的土墙
>
> 又被另外的手垒起，祖先的精神不朽
>
> 穿过了千年还赶着牲口的旅人
>
> 见证了古老的死亡和并不新鲜的重生
>
> 在这片土地上，那些沉默寡言的人们
>
> 当暴风雨突然来临，正以从未有过的残酷
>
> 击打他们的头颅和家园最悲壮的时候
>
> 他们在这里成功地阻挡了凶恶的敌人
>
> 在传之后世并不久远的故事里，讲述者

---

[1] 米尔恰·伊利亚德：《图画和象征，关于魔法和宗教的象征主义的随笔》，华沙，1998年，第177—178页。

就像在述说家传的闪着微光温暖的器皿[1]

浑浊的河水在诗人的想象中成了一面闪光的镜子，里面就像电影一样不断地出现诗人的童年、他的成长时期和从一些大的城市及遥远的大世界回到家里的图像。《大河》用语言表达了它的潺潺的流水和轰隆的瀑布声响，等到了暮色降临和清晨的来到，它又静下来了，这时便能激发人的想象，创造许多实体的形象。河流在马加的诗中可以比喻时间、痛苦、周期性的死亡和依次诞生的幸福，这条河流向黄海就出现了"宇宙的终了是什么"这样的问题，诗人创造了一个通往大海的闪光的顿呼，要把这条大河呼唤出来：

哦大河，你听见过大海的呼唤吗？

同样，大海！你浩瀚，宽广，无边无际

自由的元素，就是你高贵的灵魂

作为正义的化身，捍卫生命和人的权利

我们的诗人才用不同的母语

毫不吝啬地用诗歌赞颂你的光荣

但是，大海，我也要在这里问你

当你涌动着永不停息的波浪，当宇宙的

黑洞，把暗物质的光束投向你的时候

当倦意随着潮水，巨大的黑暗和寂静

占据着多维度的时间与空间的时候

----

[1] 引自吉狄马加的长诗《大河》。译者注。

当白色的桅杆如一面面旗帜，就像

成千上万的海鸥在正午翻飞舞蹈的时候

哦大海！在这样的时刻，多么重要！

你是不是也呼唤过那最初的一滴水

是不是也听见了那天籁之乐的第一个音符

是不是也知道了创世者说出的第一个词！[1]

　　这条河的末端和海洋连在一起，便展现了一个巨大的宇宙空间，诗人看到了在海浪上呈现的一片黑暗，说明了这是空虚，世界末日，也是难以想象的远方的搏动。巴什拉不无道理地说："对于某些幻想家来说，水就是死亡的宇宙大世界。"[2] 它怎么出现的，在哪里生根这是个秘密，它也是个无底深渊就像人体流动的血脉和人、鹿和雪豹的脑子里出现的疯狂的胡思乱想一样。马加把大自然和"我"的居住条件和生活状况扫描在他的诗中，这里也接触了宇宙和万物的本质。在这部关于大河的长诗和许多别的诗中，都揭示了存在的秘密：

这一切都有可能，因为这条河流

已经把它的全部隐秘和故事告诉了我们

它是现实的，就如同它滋养的这片大地

我们在它的岸边劳作歌唱，生生不息

一代又一代，迎接了诞生，平静的死亡

----

〔1〕　引自吉狄马加的长诗《大河》。译者注。

〔2〕　巴什拉：《诗的想象》，华沙，1975年，第164页。

它恩赐我们的幸福，安宁，快乐和达观

已经远远超过了它带给我们的悲伤和不幸

可以肯定，这条河流以它的坚韧、朴素和善良

给一个东方辉煌而又苦难深重的民族

传授了最独特的智慧以及作为人的尊严和道义

它是精神的，因为它岁岁年年

都会浮现在我们的梦境里，时时刻刻

都会潜入我们的意识中，分分秒秒

都与我们的呼吸、心跳和生命在一起

哦大河！请允许我怀着最大的敬意

——把你早已闻名遐迩的名字

再一次深情地告诉这个世界：黄河！[1]

黄河的经历许多世纪以来都和人遭受的痛苦一样，从远处看，可以想象它的原始时代和到这个世界末日来到时的状况，它为每一个生命的存在，提供了它需要的基本物质的保证。它是一个单独存在的元素，它也是土的元素的一部分。这里的土地上有祖先的坟墓，埋葬着祖先的骨灰，这里有过火山、熔岩、沼泽和冰川的巨变。《大河》是马加所有关于河流的描写的综合。在他的诗歌作品中还有关于一些溪流或者较小的河流的描写，此外在他的《河流》这一首诗中，还有一段对扬子江和这条江边一个山区也就是诗人的故乡的人的生活的描写，表现了古老民歌的情调：

----

〔1〕 引自吉狄马加的长诗《大河》。译者注。

阿合诺依〔1〕——

你这深沉而黑色的河流

我们民族古老的语言

曾这样为你命名

你从开始就有别于

这个世界其他的河流

你穿越我们永恒的故土

那高贵庄严的颜色

闪烁在流动着的水面

你流淌着

在我们传诵的史诗中

已经有数千年的历史

或许这个时间

还要更加久长

我们的祖先

曾在你的岸边憩息

是你那甘甜的乳汁

---

〔1〕 阿合诺依,彝语,意思是黑色幽深的河流,这里即指中国西南部的金沙江,是诗人故乡的一条大河。译者注。

让他们遗忘了

漫长征途的艰辛，以及

徐徐来临的倦意

他们的脸庞，也曾被

你幽深的灵魂照亮

你奔腾不息

在那茫茫的群山和峡谷

那仁慈宽厚的声音

就如同一支歌谣

把我们忧郁的心抚慰

在渐渐熄灭的火塘旁

当我们沉沉地睡去

潜入无边的黑暗

只有你会浮现在梦中

那黑色孕育的光芒

将把我们所有的

苦难和不幸的记忆

都全部地一扫而空

阿合诺依——我还知道

只要有彝人生活的地方

就不会有人，不知晓

你这父亲般的名字

我们的诗歌，赞颂过

无数的河流

然而，对你的赞颂

却比它们的更多[1]

诗人在他赞美中国和世界的河流的诗中，总要着重指出母亲河的特点，具有神话色彩：

我承认

我曾经歌颂过你

就如同我曾经歌颂过土地和生命

在这个世界上

不知有多少诗人和智者

用不同的文字赞美过你

因为你的存在

不知又有多少诗篇

成为了人类的经典

诚然不是我第一个

把你喻为母亲

但是你的乳汁却千百年来

滋养着广袤的大地

以及在大地上生活着的人们

----

[1] 吉狄马加的《河流》。译者注。

我承认

是你创造了最初的神话

是你用无形的手

在那金色的岸边开始了耕种

相信吧，人类所有的文明

都因为河流的养育

才充满了无限的生机

我们敬畏河流，那是因为河流是一种象征

它崇高的名字就像一部史诗

它真实地记录着人类历史的进步和苦难

我们向文明致敬

实际上就是在向那些伟大的河流致敬

是河流给了我们智慧

是河流传授给了我们不同种族的语言和文化

同样也是河流给了我们

千差万别的生活方式和信仰

我承认，河流！你的美丽曾经无与伦比

就像一个睡眠中的少女

当你走过梦幻般的田野

其实你已经把诗歌和爱情都给了我们

相信吧，在多少民族的心目中

你就是正义和自由的化身

你就是人类的良心和眼泪

你帮助过弱者，你给被压迫者以同情

你的每一罐圣水，沐浴的是人的灵魂

你给不幸的人们

馈赠的永远是生活的信心和勇气

我承认，人类对你的伤害是深重的

当我们望着断流的河岸

以及你那遭到污染的身躯

我们的忏悔充满着悲伤

相信吧，河流！我们向你保证

为了捍卫你的歌声和光荣

我们将不惜献出自己的生命

河流啊，人类永恒的母亲

让我们再一次回到你的怀中

让我们再一次呼唤你的尊严和名字吧！[1]

----

〔1〕 吉狄马加：《献给这个世界的河流》。译者注。

作为诗人我们是这般的幸运，

因为古老的语言还存活在世间，

就是我们的肉体已经消失得毫无踪影，

但我们吟唱的声音却还会响彻在宇宙。

朋友，你们看，在时间的疾风里，

所有物质铸成的形式都在腐朽，

任何力量也都无法抵抗它的选择，

这不是命运的无常，而是不可更改的方向。

如果有什么奇迹还会在最后时刻出现，

那就是我们的诗歌还站在那里没有死亡。

——吉狄马加《博格达峰的雪

——致伊明·艾合买提》

第二章

永不熄灭的火焰
吉狄马加诗中的
火的元素
和过渡的仪式

一　从肉体的存在到精神的存在

　　吉狄马加的诗中许多仪式的描写起很重要的作用，这里反映的首先是从肉体生命到精神生命的过渡。已经死去的肉体要火葬，这样他就会改变他的面貌，恢复他当初在宇宙中原有的其他各种物体的形状，他会变成山、湖泊甚至在整个大世界想象不到的物体的形状。在马加的诗中多次描写过火葬，就是在火堆里把尸体烧化，这是一种祖传的风俗，同时它也意味着这个死去的人的重生，从此他的精神又回到了他最初有过对他的关爱的童年时代，他会想到他过去在群山和悬崖峭壁中的自由的生活，但他已进入了那巨大无比的宇宙世界。火葬既是生命结束的主要表现形式，也说明了这里已经出现一个精神的层面，它会活动起来，会很快走向它最不熟悉的地方，走向宇宙。火既清除了一切，但又把它清除的东西抛向了宇宙，它拆散了一个有机体的整体结构，把它抛进了一个不可想象的巨大的空间，抛进了那无数用镜子照出来的世界中，抛到了那不断变化的银河系的大的和小的行星和最新发现的星球上。这就是那古老的举行葬礼的传统。克里斯蒂娜·韩认为这种幻想在人类出现的最原始的阶段就有了：

火葬——把尸体烧掉——在中国有很长的历史，它从新石器时代就开始了。虽然在这样一个漫长的历史时期的大部分中都留下了它的印迹，但是使用火葬主要是在少数民族和有宗教信仰的人群中。而普遍地使用火葬在中国则出现在这个国家蓬勃发展的时期，它开始于唐朝（618—907），后来在五代（907—960）又得到迅速发展，到了北宋（960—1127）则是使用它的极盛时期。在十世纪，火葬的使用是最普遍的，这里的原因很多，如北方一些大的民族相互之间加强了协同合作，而中国的汉民族对佛教也有了更多的认识。此外在这一时期不停的战乱和政治斗争中，人死后使用火葬在传统的埋葬中也是最现实的选择。但是除了这些还有别的原因，如把尸体烧掉会给人好的印象，特别是在五代时期，人们是这么看的。

诗人很明显对那肉体的消灭，进入物质的另一种结构之中，变成石头、岩石，变成黑土地和被风吹走的沙土很感兴趣。火在这里是永恒的标志，这种永恒在一个人的生前和死后都会出现。火葬是他死后为他举行的最重要的仪式，说明他愿意分散自己的肢体，融入大世界中，不管是皇帝、巫师还是首领都要遵从这个宇宙发展的规律，虽然他们自己并不知道会怎么样，但他们阻挡不了大自然对他们最终的安排。在吉狄马加的《故乡的火葬地》中，就表现了这样的情调，这是一个肉体到精神的过渡的美好的比喻，眼睛里流出了泪水的河流：

不知是什么时候

我的眼睛被钉在

那黑色的天幕的板上

它用千年的沉默和爱恋

注视着这片人性的土地

（在一个遥远的地方

穿过那沉重的迷雾

我望见了你

我的眼睛里面流出了河流）

这首诗一开始就好像在讲一个古老的神话，具体不知道是什么时候产生的，但是表现了千百年都有过的那个庄严的时刻，在彝族人民这片肥沃的土地上，在黑色的苍穹下，举行了火葬，诗人看见了一个被大雾笼罩的灵魂——大概是母亲——正在走向那死亡的国度。这使他激动无比，流出了像河流样的泪水，表现了像弹奏那原始的琴弦的曲调一样的悲哀：

我听见远古的风

在这土地上最后消失

我听见一支古老的歌曲

从人的血液里流出后

在这土地上凝固成神奇的岩石

我看见那些早已死去的亲人

在这土地上无声地汇聚

他们紧抱着彼此的影子

发出金属断裂的声音

我看见那些

早已死去的亲人的灵魂

在这土地上游来游去

像一条自由的黑色的鲸

（在一个遥远的地方

穿过那沉重的迷雾

我望见了你

我的眼睛里面流出了河流）

焚烧尸体的悲哀的仪式和那单调的风声让灵魂脱离了躯体，飞向了那开放的以太空间，看见了活着的人看不见的东西，听到了那些要死的普通人所听不见的东西。这里唱起了一首古老的歌，就像在血管中流动的血一样，不知流向何方，但这里面流动着一些人影，还有一些大的人群，一些过去曾经相爱的人在这里也看得很清楚，他们在这个空间里活动，就像大海里的鲸一样。重复的诉怨成了一首哀诗，表现了佛教悲哀的情调，火分解了一个有机体，把它变成了灰烬，这就是神话中的生命的过渡，因为这个生命原是负罪的，这种负罪感充溢在他的血液循环和肺部呼吸中。关于这个变化，埃利亚斯·卡内蒂[1]是这么说的：

----

〔1〕 埃利亚斯·卡内蒂（1905—1994），英籍犹太人作家、评论家、社会学家和剧作家。译者注。

要改变死者的状况就是要使他们复活，在这里，重要的是要使死去的人恢复他们的生命，而不是让活着的人永远保持他们的生命。热心于死者复活的尝试乃是一切信仰产生的根源。在这个时候，我们对死者已经不是害怕，而是有一种深重的负罪感，因为我们未能恢复他们的生命，正是在一些最高兴和最幸福的日子里，我们的这种负罪感最强烈。[1]

火葬是一种清除生前罪恶的方式，举行这种悲哀的仪式说明了这个离别的生灵对这个世界来说是很重要的，他是它的不可缺少的成员之一，就像一条延伸了许多世纪的锁链中的一环，现在到了最后一环，经过火的洗礼，它又成了别的一环。母亲悲哀的哭泣，毕摩的祷告，兄弟姊妹的呜咽和死者所属这个氏族其他成员的哀叹就像一首永远唱不完的哀歌。在死者的躯体被焚毁，他不再有他的人形但出现了他那自由的灵魂时候，这首歌的演唱也发出了它的最强音，它传遍了远处的大山，在那里响起了它的回声，就好像整个大自然都在为死者哭泣，可死者已经变了，他已进到了那永恒的世界。诺苏人对葬礼仪式的举行十分重视，认为这是全社会的节日，把死者的骨灰送到他安息的地方，这是活着的人对他的祝福，因为这些活着的人也会走这条道路，加入死者所在的这个基本物质的群体。举行葬礼的时候，从参加的人穿的衣服的颜色和刺绣——有蓝色、黑色和黄色——到在葬礼上唱的歌和要着重指出死者所在的那个部落是一个不可分割的整体，这一切都有它们特殊的意义。火葬

----

〔1〕 引自埃利亚斯·卡内蒂的《思想》，华沙，1967年，第68页。

在这首诗中是这一切的结束，也表现了对于永恒的恐惧，因为这种永恒说明了不会再往回走，它战胜了生命。这种永恒表现在许多方面，例如诗人在美丽的十四行诗《生与死的幕布》中就以北斗七星为它的象征：

> 河流朝着一个方向流淌，
> 群山让时间沉落于不朽。
> 有人说这是一场暴风骤雨，
> 群山里的生活终究会有改变。

> 千百年所选择的生活方式，
> 只有火焰的词语熄灭于疾风。
> 不是靠幸运才存活到今天，
> 旋转的酒碗是传统的智慧。

> 山坡上的荞麦沾满了星光，
> 祖居之地只剩下残壁断垣，
> 再没有听见过口弦的倾诉。

> 头上是永恒的北斗七星，
> 生与死的幕布轮流值日，
> 真遗憾，今天选择了落幕。

这是一个既痛苦而又欢乐的时刻，有很大的悲哀也有很大的快乐，阿尔法〔1〕和奥米伽〔2〕，有毁灭也有创造，有消除也有以新的形式的诞生。这是一种生命过渡的形式。任何人都会这样，走到生命的尽头，遭到病痛的折磨，最后死去，人们为他举行葬礼。这种死说明了他在起变化。所有存在的东西都会被消灭，动植物的死亡，岩石和石头被侵蚀。一个人的死亡首先是他脱离了与他的家庭和部落的联系，他失去了大地对他的爱，但他给宇宙增加了能量。在这个时候，就要有人引导他走进意识的大门，和他一起进入精神的世界，然后又在那里道一声告别，再回到这些活着的人群中。在诺苏人眼中，这样的祭司和引路人就是毕摩，他们都是魔法师、巫师，他们的使命是要永远解除人们的痛苦和忧愁，他们讲故事，要解除人们离开这个世界的痛苦，吉狄马加的诗毫无疑问也担当了这样的使命，诗人也有资格成为这个民族最重要的毕摩之一。他站在高高的岩壁上，或者弓着身子站在山里的一个小池潭上，看着鹿、鹰和池潭里的鲑鱼紧闭着的眼睛，讲述一些最基本的真理和动人心弦的故事，揭示生命的本质，也介绍了在他的故乡和远方的大世界举行的一些古老的仪式。诗人满足于他的死，并且指出了他的躯体将来也会要火化：

> 当然总会有这么一天
>
> 我的灵魂也会飞向
>
> 这片星光下的土地

----

〔1〕 希腊语第一个字母。译者注。
〔2〕 希腊语最后一个字母。译者注。

像一只疲惫的鸟

向着最后的陆地奔去

那时我这彝人的头颅

将和祖先们的头颅靠在一起

用那最古老的彝语

诉说对往昔的思念

那时我们将仰着头

用空洞的眼睛

望着那永恒而又迷乱的星空

用那无形的嘴倾诉

人的善良和人的友爱

如果这大地上

还会传来一点回声

只要那是人的声音

我们就立刻在这土地上

让灵魂甜蜜地长眠[1]

在世界所有的宗教中，都有对精神世界的信仰，无神论者和自由思想的人不信精神世界。但是这种信仰成了浪漫主义时期神秘主义理论产生的基础，亚当·密茨凯维奇在谈到他是怎样进入到另一个世界的时候说：

我对你们要说的并不是我的脑子里要说的，我不能给你们

----
〔1〕 引自吉狄马加的《故乡的火葬地》。译者注。

提出一个什么理论，但我看见了那个世界，我到那里去过好几次，我的赤裸的灵魂接触过它。

那个世界和这个世界没有一点不同，你们要相信我，那里和这里完全一样，一个人死了，不会到别的地方去，他会在他的灵魂所在的地方，这是一些着了魔和要进行忏悔的灵魂。在这个世界里，你就在一些灵魂中间，你要和它们在一起，就一定要消除你在世的时候你的躯体中的一切，你要做那些你从未做过的事情。没有你的躯体，去做这些事是非常困难的，你要在那片土地上去做这些事，但是那片土地不会给你任何工具，你要等五百年，你会痛苦地呻吟。

一个人如果能接触这个精神世界，会感到它是很幸福的，就是一只狗也会有这种感觉，因为它很神奇，所以耶稣基督让他的躯体也进到了地狱里。[1]

马加将脱离了躯体的灵魂比做一只疲倦的鸟在大海上飞，一种见不着的本能驱使它飞到大陆上去。火葬之后留下骨灰，在这里诗人也找到自己永远安息的地方。虽然他的眼眶里已经空了，但由于一种精神力量的驱使，他一定要发现那看不见的宇宙的秘密。他诗中的这种古老的诺苏的语言有一种神奇的力量，表现了某种善良的本性和愿望。他很高兴地深入到对永恒的研究，认为它是一个基础，宇宙的自始至终都建立在这个基础上。头盖骨和骷髅是马加诗中所展现的一个重要的文化因素，它们有更多的含义，这里说的并

---

〔1〕 切斯瓦夫·米沃什：《乌尔罗的土地》，华沙，1982 年，第 122、123 页。

不是它们字面上的含义，伊利亚德认为这里说的是一种西藏的宗教
仪式：

> 说到男人和女人的头盖骨在佛教密宗[1]和喇嘛教的宗教
> 仪式上的作用，是大家都知道的，藏剧中所谓骷髅的跳舞有特
> 殊的意义，这是从生到死的过渡，也是从死亡到出现一个新的
> 形象的一种过渡，叫中阴，表现了神明对死者的关照。这样看
> 来，藏剧可以说是一种宗教仪式，它说明了人死之后是一种什
> 么状况。还有一种看法认为，这些骷髅身上穿的衣服和戴的面
> 罩是中亚以及北亚的萨满教徒的服装，但它在某种情况下，也
> 受到了喇嘛教的影响，因为在这些萨满教徒的衣服上，佩戴了
> 喇嘛教徒的服饰，其形状甚至像一面鼓。但不应当过早地作出
> 结论，认为北亚萨满教徒的服装以及骷髅的象征就是受了喇嘛
> 教的影响，因为这说明了很早以前就有一种看法，认为动物和
> 人的骨头都是很圣洁的。[2]

马加诗中每一个抒情的片段都是要重新说明他的部落和它的生
存状况的历史，要特别对它进行赞美。诗人认为他是从许多人中挑
选出来的，要尽力完成他的使命。他能够常住在凉山的山区，像他
的父亲那样，拿着猎枪去打猎，像做梦一样平安地生活在家乡的部
落中。他可以在篝火旁跳舞，看到远处的山峰，但是他的命运让他

----

〔1〕 佛教和印度教中的一个宗派。
〔2〕 米尔恰·伊利亚德：《中国和远东萨满教的象征和技术》，华沙，1994
年，第429、430页。

成了这个属于全世界的诗人集团的一员，他歌颂土地，歌颂那些属于自己民族的最最遥远的角落里的土地。他能够在一些很小的农舍里唱歌，完全脱离了那个寒冷的宇宙大世界。他在这里还可听到一些老人和萨满教徒讲述的故事，而这又使他能够看清宇宙的面貌，不断地了解到存在的真实状况：我是诺苏人！这是他有很大的责任要说的话，而且这也是这个民族世世代代像做祷告一样要说的话，表现了对过去的历史的回忆和对未来的赞美。诗人也成了他的民族的一个祭司，众神给予了他力量。

> （诗人）是众神面对魔鬼的侵犯，派来保护人们的，因为他们都犯了大罪，死后也就成了魔鬼的战利品，这时更要保护他们。众神因对人们表示怜悯，派来了第一个萨满教的僧人，要给他们指出通往众神所在的地方的道路……由一根垂直线：世界的轴心线[1]将大地、地狱和天连在一起。死后进入地狱要过一道桥，像进入迷宫一样要经过九道弯，这是一条必经之路，不管是谁，要进天堂就必须先到地狱里去。[2]

这个世界的轴心在许多文化和神话故事中都提到了，这是对于生存的理解，也是一个精神升华的阶梯，通过这个阶梯，诺苏人就会进入天堂，它还在梦幻中出现：

从火塘边到石磨旁

----

〔1〕 "世界的轴心线"原文是拉丁文。译者注。

〔2〕 米尔恰·伊利亚德：《中国和远东萨满教的象征和技术》，华沙，1994年版，第442页。

白天对于我们来说，很快

就要消失掉。然后

是爬上木梯，然后

　是蜷曲着身体睡觉。

每天是这样，

每月是这样。

就是半夜醒来，看见，

月亮和星星也迷惘。[1]

这是灵魂踏着象征的阶梯来到天上，它仿效世界之轴[2]，实际上它进入了宇宙最深的一层。但它从那烧掉了捆在它原来的躯体上的绳结的永恒的火焰中逃出来后，已经不能回到那属于活人的世界，至少不会再有一个形体的存在。

- -

〔1〕 引自吉狄马加的《等待——一个彝女的呓语》。译者注。

〔2〕 原文是拉丁文。

二 吉狄马加对宇宙形成的想象

吉狄马加带有文化和艺术性质的想象的丰富是令人惊异的，他的这种想象最初是来自他对彝族人民的神话的认识，后来他对世界各民族的文化和各种不同地区的诗歌创作有了越来越多的了解，接受了许多外来的思想观点、信仰和对宇宙形成的看法，使他的这种想象更丰富了。这里可以说说他是如何继承了欧洲的文化遗产，诗人非常熟悉关于宇宙形成的神话，在他的诗中，可以看到他对克尔特人的文化遗产[1]，古希腊、罗马的文化遗产都很了解，并且很成功地将它们移植到了中国现代诗歌中。古希腊人曾经热烈地讨论过宇宙的原始状态是什么的问题。他们曾以"沸腾的"热血献身于对地中海神话的文化，而首先是对他们那处于大山之中和事实上被大海包围的一个岛上的国家以及整个宇宙的形成的研究。古埃及的思想家、作家、哲学家和艺术家也是这样，他们经常接触的就是这个地球和巨大无比的宇宙。在他们居住的这些地方的晴朗的天空中，常常显露出宇宙的深处、亿万的星球和整个银河系，可以很清

---

〔1〕 克尔特人是居住在欧洲的法国、德国、英国、威尔士和法国北部的一个人种。译者注。

楚地看见那条银河，另外还有一些行星，放射出令人感到很亲密的光芒。毫不奇怪的是，在古希腊的文化中，出现了几个关于原始宇宙的神话，罗伯特·格雷夫斯[1]举出了其中的贝拉基神话[2]、古希腊荷马学派、俄尔浦斯[3]教、奥林匹克诸神[4]以及关于创造的哲学。在贝拉基神话中，有一个大洋神女欧律诺墨：

> 她裸身从混沌中出来，但她没有落脚的地方，只是一个人在海浪上跳舞，这样她就把海和天分开了。她朝着南面跳去，有一阵风跟在她身后，也吹了过去，这好像是一个新的东西，一个独立的存在，这就开始有了一个创造出来的东西。

后来这个女神还很惊奇地变了形，她和奥菲翁蛇神合为一体，变成了一只母鸽，带着一个宇宙蛋，在一阵阵的波浪上盘旋，后来这个宇宙蛋破了，就生出了欧律诺墨的一大群孩子，也就是后来的太阳、月亮、行星、星星以及有山脉、河流、树木、绿草和所有活着的生灵的地球：

> 这个女神后来还创造了七个星象，在每一个星象上都有一个提坦女神和一个提坦男神：他们是泰亚和黑佩利翁，管理太阳；福伊贝和阿特拉斯，管理月亮；迪亚拉和克里奥斯，管理

----

[1] 罗伯特·格雷夫斯（1895—1985），20世纪英国著名诗人和作家。译者注。

[2] 古代基督教神学学说之一，由不列颠隐修士贝拉基倡导，认为人类由上帝创造，享有上帝所赐自然恩宠。译者注。

[3] 俄尔浦斯，古希腊宗教故事人物，传为俄尔浦斯教的创始人。译者注。

[4] 希腊宗教中的主要神系。译者注。

火星；泰蒂达和科约斯，管理水星；泰米达和埃乌雷梅冬特，管理木星；泰蒂达和奥克阿诺斯，管理金星；列阿和克罗诺斯，管理土星。第一个人是佩拉兹格斯，他是佩拉兹格人[1]的祖先，佩拉兹格斯带领一些人跳出了阿卡迪亚的土地[2]，后来他教他们盖农舍、种植橡实，用猪皮织短袖、长衬衫。[3]

关于佩拉兹格人的说法在荷马的《伊利亚特》的神话中不一样，《伊利亚特》的神话中说，所有的神和所有的生灵最初都在大洋河，大洋神女的母亲是忒提斯，这和《伊利亚特》中一样。古希腊俄尔浦斯教神话[4]与古希腊以前的神话传说，特别是与那个象征性的宇宙蛋有联系[5]。

最初，土地之母从混沌中出来，在睡梦中生了自己的儿子

----

〔1〕 佩拉兹格人，古希腊最早的非印欧人，在公元前两千年被这里的古希腊部落征服了。译者注。

〔2〕 原为古希腊的一个省，古代居民多以牧羊为业，也可称为快乐之邦、世外桃源、乐土。译者注。

〔3〕 R.格拉韦斯《希腊神话》，华沙，1982年版，第41页。

〔4〕 俄尔浦斯教，古希腊秘传宗教之一。据传教祖为俄尔浦斯，出现在公元前七世纪至公元前六世纪。信仰人具有"属天"的"神性"及"属地"的"魔性"，将死后果报和灵魂转生的观念引入希腊。译者注。

〔5〕 "宇宙之蛋"，亦称"俄尔浦斯之蛋"（Orphic Egg）、"世界之蛋"。源于古希腊俄尔浦斯教的教义，最初的神克洛诺斯（Chronos，时间的神格化）由大地和水孕育而成，创造出了"以太"/埃忒尔（Aether）、"混沌"/卡俄斯（Chaos）和一枚蛋（也有说，这枚蛋乃孕育在"以太"体内），这蛋便是"宇宙之蛋"。蛋中包含了整个宇宙的过去、现在和未来，并孕育出了最初的双性神——法涅斯（Phanes），法涅斯从蛋中出生之时，就撕裂了原有世界的无限混沌。法涅斯出现时，便成了万物之主，雌雄同体，法涅斯生出了第一代神祇，同时也是宇宙（cosmos）的终极创造者。译者注。

乌拉诺斯，她的儿子看着她，感到山峰上下起了雨，可以肥沃山谷里的土地。土地之母于是生出了草、花、动物和鸟。雨水也变成了河流，河流里的水填满了低洼地，这样就出现了湖泊和海洋。[1]

后来第一批孩子出生了，他们都是一些有一百个手臂的巨人，后来又有三个独眼巨人。关于创世的神话在《创世记》[2]中，特别是赫西奥德的《神谱》[3]中说的是：太初，宇宙是一片黑暗，世界被一层黑幕遮住，什么也看不见，任何视线都穿不透这层黑幕，而且根本就不知道这片黑暗有多大的范围。后来在黑暗中出现了混沌，从这个时候开始，相继出现了夜晚、白天、厄瑞玻斯[4]和空气。然后就出现了各种联盟，孩子们也不断地出生了。古代的天体演化学的形成借助于奥维德[5]一篇关于吉奥加梅斯的神话故事：

> 宇宙的神——不管是哪一个，有些人都叫他大自然——在混沌中出来后，就将地和天、水和陆地、上面一层的空气和下面一层的空气分开了。他让所有的元素都能够自由地活动，形成它们今天的秩序。他将土地分成了许多地区，有些地区很热，有些很冷，还有一些地区气温适度。山峦和平原也形成

----

[1] R.格拉韦斯：《希腊神话》，华沙，1982年版，第44页。

[2] 基督教《圣经·旧约全书》中的《创世记》。译者注。

[3] 赫西奥德，古希腊诗人，创作年代约在公元前八世纪与七世纪之交，他的《神谱》说的是关于诸神起源的神话和宗教传说。译者注。

[4] 希腊语的意思是"黑暗"，永久黑暗的化身。译者注。

[5] 奥维德（前43—17），古罗马诗人。译者注。

了，他给它们穿上了小草和大树的衣服。大地上出现了无边无际的天空，他又用星星将它遮住，指出了四种风所在的位置。他用水养活了鱼，用土地养活了动物，他让天空里有太阳、月亮和五个行星，最后他创造了人。[1]

古希腊关于宇宙起源的神话系统和当时一些哲学家对于世界的基本特性的看法有密切的联系，而且这一切也曾用来和中国人关于宇宙创始的观点进行比较。思想家们总是想要说明每一种元素对于现实世界面貌的形成造成的影响（泰勒斯说的水，赫拉克利特说的火，阿那克西曼德尔说的空气，克塞诺方斯说的土），或者它们就是现实特征的反映，一直到后来，阿格里根特的恩培多克勒才说明了大自然中的水、火、空气和土这四种元素的相互关系和它们所起的作用。克尔特人文化中也有关于宇宙起源的学说，但是要对它适当地介绍却很困难，因为它的关于世界、关于人和创造的理论都是口头流传下来的，在战争爆发期间，有祭司、僧人、魔法师和仲裁人守护它，以免它失传。如果对这有争议，还有一些人来判定正确与否。沙鲁克·胡塞因说：

> 他们都是一些著名的天文学家，掌握数学和自然科学领域的非常丰富的知识。恺撒本人就承认："他们有关于星星和它们的活动、地球的面积、天空和星星的运动等非常丰富的知识。"他们制定了精密的日历，一个月包括二十九或者三十天。要分为两个半月。时间按夜晚而不是按白天来定，有闰

---

[1] R.格拉韦斯：《希腊神话》，华沙，1982 年版，第 46 页。

月，这样更符合太阳年的时间。[1]

克尔特人分布在一大片土地上，他们到过欧洲的许多地方（到过欧洲的西边，也到过东边）[2]，在一些圣洁的小橡树下聚会，互相交换各自了解到的关于一些大的事件或者有关这个世界的情况。他们生活在大自然中，总想找到对那些折磨他们的关于宇宙起源的问题的回答。那些在他们的宗教仪式上出现的魔幻的巨石、廊柱和地滚球的影像对他们来说也很重要，关于这一点，胡塞因说：

> 在一些宗教信仰中，天的作用最重要。天上如果雷鸣电闪，这就是强大的天神在示威，会下起孕育着生机的大雨。首先是天上有太阳，这是热和光的来源，能促进万物的生长。有几个神是和太阳有关的，例如卢古斯[3]，人们认为，这个卢古斯和爱尔兰英雄卢格以及威尔[4]的宗教信仰中的列乌神有血肉关系。这三个名称的意思都是"光明的"或者"闪光的"，而卢古斯就可能是最早的太阳神……人们还把克尔特人信仰的神明比做丘庇特[5]，在他们看来，这个古罗马最大的天神，也是古罗马神庙里的主神。作为一些最高的地方的统治

----

[1] S. 胡塞因：《男神、女神、宇宙》，华沙，1998 年，第 40 页。
[2] 克尔特人于公元前十世纪起居于欧洲大陆，其后裔主要散布于爱尔兰、苏格兰、威尔士和法国北部，大都已基督教化。译者注。
[3] 卢古斯在克尔特人的宗教中是太阳、光亮和诗人的守护神。译者注。
[4] 即瓦莱，在瑞士。译者注。
[5] 也译"朱必特"，罗马宗教的主神。

者，他和一些地方大山里的神，如克尔特人信仰的阿尔卑斯的乌克希利诺斯神和波埃尼诺斯神[1]是一样的，而且这里最常见的是把他就看成克尔特人的这些天神……天神总是拿着一个圆圈，克尔特人认为这是太阳的象征，也是雷鸣电闪，说明天神也是暴风雨的神。闪电是丘庇特最重要的武器，因此有时候，也可以把古罗马的神比作克尔特人信仰的暴风雨神塔拉尼斯，这个名字的意思是雷神，塔拉尼斯好像是一个人所共知的神，但是很少知道对他是如何崇拜的，也可能将他的雷鸣电闪神化了，或者他作为一个神对下一场雨然后带来丰收要起决定作用。还有一个大锤神……根据介绍，一般都说他是太阳的象征，在一些种植葡萄的地方的人都信仰他。有一种说法认为，在冬季结束的时候，这个神就要敲打那冻结了的土地，告诉它温暖的阳光就要照过来了，并且为它松土，开始种植。

克尔特人的祭司们对宇宙和它最初的形式知道得那么多，令人惊奇。他们望着天空，总想知道是一种什么神的力量在操纵银河系和一些行星的运动，和在太空中能够不断创造新的客体、新的现象和物质世界的新的因素。这里又要提到距离遥远的诺苏人民的神话和史诗，吉狄马加最初的想象和这有密切的联系，马乌戈扎达·列利加说：

　　　　除了对祖先的崇拜，诺苏人的宗教还有对各种不同的大自

----

[1] 乌克希利诺斯是雷鸣电闪神，波埃尼诺斯是高级别神、高贵的神，而丘庇特原来也是意大利半岛的雷、电、雨之神。译者注。

然现象（天和地、山、河流、植物和动物等）和魔鬼的灵魂的信仰。他们最常提到的是一些死者的灵魂，他们生前由于各种原因，死后没有获得应当受到尊重的祖先的地位。还有一些生前受到过委屈，他们的出身不一样，但他们死后成了魔鬼，会带来疾病和传染病。第二种类型的祭司主持或者协助主持小一点儿规格的宗教仪式，他们叫苏尼-萨满，和毕摩不同的是他们不识字（或者过去不识字），因为不是要他们去熟悉那些仪式的条文，也不要求他们对那些条文有所理解。毕摩安安静静主持仪式，而苏尼却敲打着鼓，还拼命地跳起舞来[1]。毕摩只有男的可以担任，但在萨满中也有女的，叫莫尼。[2]

这就是一个华沙的汉学家步入了一个中国诗人非常有趣的创作层面中的状况，这个诗人和他的人民的魔法信仰和宗教仪式，特别是对这个和那个世界的精神领袖的信仰有密切的联系。

----

[1]　萨满是跳神作法的巫师。译者注。

[2]　M.列利加：《吉狄马加，语词和火焰》，华沙，2015年，第6—7页。

三 萨满、毕摩、苏尼和莫尼[1]

多年来，在欧洲东部和美国，人们对萨满教[2]越来越感兴趣，像伊利亚德、克洛德·列维－斯特劳斯[3]、卡洛斯·卡斯塔尼达[4]、肯尼斯·安德鲁斯[5]这样的学者都大大地推进了对这种文化的发展中出现的非同寻常的现象研究的繁荣和发展。人们对萨满也有很大的兴趣，他对什么都特别有感情，这是一个人的本性，也表现在对神明和祖先的祭奠中，根据一些经典的说法：

> 萨满是神经过敏的和心理变态的人，萨满也是社会上最明智的人，他最懂得他的亲人的需要，但他又是个骗子。人们看他的外表以为他具有一些完全相反的性格特点，可这很难认定，所有这一切都真实地反映了他的个性和心理状况……从他

----

〔1〕 苏尼就是对巫师的统称，莫尼指的是彝族中的女巫师。译者注。
〔2〕 一种原始宗教，信仰万物有灵和灵魂不灭，流行于亚洲和欧洲的北部等地区。译者注。
〔3〕 克洛德·列维－斯特劳斯（1908—2009），法国作家、哲学家。译者注。
〔4〕 卡洛斯·卡斯塔尼达（1925—1998），美国人类学家。译者注。
〔5〕 肯尼斯·安德鲁斯（1916—2005），美国学者。译者注。

要完成的重大的任务和他的使命来看，他是一个特别有才能的人。萨满教是一种能够产生幻觉、看得见灵魂的传统的宗教，它在过去和诸神以及大自然世界的灵魂的接触中，表现了各种不同的思想状况。我们一想起萨满教，在我们面前就会出现一个巫师或者巫女的神秘和难以猜测的图像，可是这个巫师或巫女虽然进入了失魂的状态，却会去寻找万物的灵魂，去到一些最神圣的地方，给人们说明宇宙是什么。萨满可能是一个医生，他能战胜病魔，他也可能是一个魔法师，用他的魔法可以得到鬼魂的帮助。他或者是一个探子，能够找到丢失的东西。在另外一种情况下，他就是一个祭司，成为诸神和我们日常生活事物的中介，他对我们日常生活了解得当然很清楚。但是不管萨满起了什么样的特殊的作用，他既使人产生畏惧又受到尊敬，因为他能够到另外一个世界去，然后带着神的旨意回来。[1]

这是一个一般的说法，但是在文学史上所有时期的作品，如《摩诃婆罗多》[2]《王书》[3]《美什史诗》[4] 这样的古代史诗和古希腊悲剧一直到现代文学作品中都有类似萨满这样的人物，例如

----

〔1〕　N. 德鲁勒：《萨满教》，波兹南，1994 年，第 14 页。

〔2〕　《摩诃婆罗多》是享誉世界的摩诃婆罗多和印度史诗，成书于公元前四世纪至公元四世纪之间。译者注。

〔3〕　波斯诗人阿布加塞姆·曼苏尔·菲尔杜西（940—1020）的一部史诗。译者注。

〔4〕　又称《基尔麦什史诗》，目前已知世界最古老的英雄史诗。早在四千多年前就已在苏美尔人中流传，经过千百年的加工提炼，终于在古巴比伦王国时期（公元前 19 世纪—公元前 16 世纪）用文字形式流传下来。译者注。

堂吉诃德、浮士德、拉斯科尼科夫〔1〕、汉斯·卡斯托普〔2〕和巴斯克维尔的威廉〔3〕，还有一些实验话剧中的人物、最近的诗歌作品中的人物。总之，萨满是一个无所不包的象征，新一代的创作者在自己的作品中可以用他来表现新的内容。萨满还有一个意思，就是他通过对生存的筛选，能够找到人的自我，他是秘密领域守护者，是走向圣地一定要过的关口。

在云南，最大的民族中国人叫汉族，彝人是一个封闭的民族，马加出身于这个民族，有他们像萨满那样的祭司，这种祭司精通各种语言，熟谙宗教圣典。他们叫毕摩，身穿黑色的长袍，头戴特征夸张的大帽，他们给午轻人的印象，都是一些宗教仪式和节日（最有名的是火把节）庆典的主持人，在这种仪式上能为人们驱除邪恶、治病，甚至赋予死者以新的生命：

> 你听见它的时候
>
> 它就在梦幻之上
>
> 如同一缕淡淡的青烟
>
> 为什么群山在这样的时候
>
> 才充满着永恒的寂静
>
> 这是谁的声音？它漂浮在人鬼之间

----

〔1〕 俄国作家陀思妥耶夫斯基（1821—1881）的小说《罪与罚》中的一个人物。译者注。

〔2〕 德国著名作家托马斯·曼（1895—1955）的小说《魔山》中的人物。译者注。

〔3〕 意大利作家翁贝托·埃科（1932—2016）1980年创作的长篇小说《玫瑰之名》中的人物。译者注。

似乎已经远离了人的躯体

然而它却在真实与虚无中

同时用人和神的口说出了

生命与死亡的赞歌

当它呼喊太阳、星辰、河流和英雄的祖先

召唤神灵与超现实的力量

死去的生命便开始了复活![1]

　　和苏尼不同的是，毕摩既出身于平民家庭，也出身贵族，他们除了主持殡葬之外，还监督和护卫婚礼的举行。可以见到他们在自己的家里学习和研究古代的文献。彝人视自己的祖先为神明，也崇拜大自然的元素，如水、火、土和空气。与此同时，他们对山岳和山峰、森林、一株株的大树[2]、天空、像老鹰这样的大鸟也表示敬仰。毕摩认为宗教仪式的举行起很大的作用，每一个祭司都因为给病人治病使他恢复了健康、驱除恶势力、占卜和说明人和神明的关系能够获得荣誉。我们很容易就能够想到一个年轻的诗人，当他坐在他的家族里的人点燃的篝火旁，听毕摩讲富于象征意义的龙和魔鬼的时候，他会有什么感受。

　　对一个毕摩的所作所为和他的死后总会有一种特殊的感受，因为存在的一切在这里已经毫无意义：

----

〔1〕　引自吉狄马加：《毕摩的声音——献给彝人的祭司之二》。
〔2〕　大树在中国的神话中有重要的意义，根据一些传说的提示，一些崇拜它的人可以爬上大树，到天上去。见米耶奇斯瓦夫·耶日·金斯德：《大树，中国的神话》，华沙，1981年，第79—83页。

毕摩死的时候

母语像一条路被洪水切断

所有的词，在瞬间

变得苍白无力，失去了本身的意义

曾经感动过我们的故事

被凝固成石头，沉默不语

守望毕摩

就是守望一种文化

就是守望一个启示

其实我们没有选择的余地

因为时间已经证实

就在他渐渐消隐的午后

传统似乎已经被割裂

史诗的音符变得冰凉

守望毕摩

我们悼念的不仅是

一个民族的心灵

我们的两眼泪水剔透

那是在为智慧和精神的死亡

而哀伤

守望毕摩

是对一个时代的回望

那里有多少神秘、温情和泪水啊[1]

毕摩可以从祖传获得自已的职务，而萨满和苏尼则必须由官方封赐。已经神圣化和称为莫尼的女人是普遍受到尊敬的女萨满，在一些方面能起一种很大的作用。彝人——不管是什么喇嘛祭司——都认为有许多恶魔，它们会给人们带来疾病，进行陷害，造成不幸和死亡，但它们也能把一些物质收藏起来。如果一个人死了，在他家的房门里有一只杀了的猪或者绵羊，它们就能保护这个死者，让他和他的部落中那些活着的人永远保持联系。马加的民族相信一个人有很多灵魂，在这些灵魂中，有一个永远守在他的尸骨旁边，另外一些则云游在那自由和神秘的空间里，或者在别的一些人的身上，成了另外一个灵魂。从二十世纪八十年代开始，毕摩制度开始恢复它最初的形式，当地的政府允许在云南和四川一些最大的中心城市建一些大的寺庙和祭祀中心。因此，一些过去已经熄灭的火种又冲天燃烧起来，人民群众举起火把要给彝人长年居住的土地显灵，诗人在他的关于神明的诗中，将火写得非常美好：

自由在火光中舞蹈，信仰在火光中跳跃

死亡埋伏着黑暗，深渊睡在身边

透过洪荒的底片，火是猎手的衣裳

抛弃寒冷那个素雅的女性，每一句

- -

[1] 吉狄马加：《守望毕摩——献给彝人的祭司之一》。译者注。

咒语，都像光那样自豪，罪恶在开花

颤栗的是土地，高举着变了形的太阳

把警告和死亡，送到苦难生灵的梦魂里

让恐慌飞跑，要万物在静谧中吉祥

猛兽和凶神，在炽热的空间里消亡

用桃形的心打开白昼，黎明就要难产

一切开始。不是鸡叫那一声，是我睁眼那一霎。[1]

在作者看来，火毫无疑问是要将捆包在躯体里的一切解脱出来，所以火葬的仪式是神圣的，在这里不仅消灭了肉体，而且也消灭了那些偷偷地钻进了人的意识里的恶魔。这个神圣化的过程就是一个圆寂的过程，死者为他生前在这个大地上所做的一切感到骄傲，进入死亡的国度后，也马上就进入了宇宙大世界，就像他睡了很久之后现在睁开了眼，想到他会见到光亮，永远离开黑暗世界，而且要接近神明。在中国的神学中，很难说只有一个神，像基督教或者伊斯兰教那样，这方面的情况在古代的文献中就有介绍，李约瑟·尼达姆[2]说：

中国古代神的概念是很难说清楚的，许多著作都谈到过这一点，因为在最近几个世纪，基督教的传教士对这个问题进行过许多讨论，并且改正了一些将欧洲关于神的概念翻译成中文

- -

[1] 吉狄马加：《火神》。译者注。
[2] 李约瑟·尼达姆（1900—1995），英国学者，著有《中国科学技术史》。
    译者注。

的事例，这些翻译到现在大部分都没有什么价值了，因为当时汉学研究还处于萌芽的状态。大家知道，在中国的语言中，神的最早的名称叫天（天空）或者上帝（最高的统治者），虽然还有别的名称，例如《庄子》里面提到"以天为宗"〔1〕，这个最早的名称无疑是一个拟人化的名称（大概是多神），上帝大概也是神，虽然对这也有疑问。我以为，"宗"这个字的意思是魔鬼的意思。汉学家们曾一再地研究在中国古代，这种将天神拟人化的情况是怎么样的，但是很难作出一个结论。对于这种情况的产生有很多看法，例如顾立雅〔2〕认为，上帝就是将皇帝（或者青铜时代的大王）神化。格纳内特认为，这是日历上一年四季的名称。还有费兹杰拉德〔3〕的看法，他认为上帝和天是第一代祖先的象征。顾立雅有一个看法得到了普遍的赞同，他认为上帝的概念很早就有了，和周朝的统治有关。塔伊·库安认为，上帝在中国，是苗族先有的，后来所有的中国人都接受了这个概念。这里有几点要说的是：1. 中国古代这个最高级、最知名和最受到尊敬的神并不是希伯来人和希腊人认为的那种创造者。2. 在中国古代，对最高级的神的看法虽然有所发展，但他并不是一个天上的立法者，并没有给人之外的大自然下达过命令。3. 这个最高级的神很快就变成完全是无人

----

〔1〕 这个"宗"的意思为"主宰"。见《庄子浅注》，曹础基著，中华书局，2000年，第486页。译者注。

〔2〕 顾立雅，美国汉学家、中国史研究家。译者注。

〔3〕 弗兰西斯·斯科特·费兹杰拉德（1896—1940），美国作家。译者注。

称的了。但这并不是说，中国人认为，大自然没有任何秩序，而是说这种秩序不是任何有智慧的个人定下来的。即便有这样的智者，他也只通晓他自己居住的地方的语言，不能保证他能读懂上帝定下的法律条文。我们很难想象，在什么地方能够发现和读到这种关于大自然的法律条文，因为上帝即使比人聪明，也没有制定过这样的条文。[1]

诺苏人的神学也一直要人去对它进行研究，但是我们在马加的诗中，却不难看到这种宗教的力量点燃的永恒的火焰，穿越了时间和空间，成了那些远古的大自然的神明用的一种工具。在马加看来：

> 诗歌是灰烬里微暗的火，透光的穹顶。
>
> 诗歌一直在寻找属于它的人，伴随生与死的轮回。[2]

文化诗作为一种类似火样的东西，有时候表现得很有活力，有时候又描写火的熄灭和天的宏伟，在那里活动着先人的灵魂，也可能还有李约瑟·尼达姆提到的上帝——最高的统治者。在彝族的文化中，那种能够将所有的东西都氧化褪色的热气起很大的作用，它也反映在诗歌中。在节日和举行葬礼的时候，这个正在长大的年轻人，在和毕摩和苏尼的谈话中，就看见了火塘闪着微暗的火：

> 我怀念，我至死也怀念那样的夜晚

----

〔1〕 李约瑟·尼达姆：《伟大的测试：中国和西方的科学和社会》，华沙，1982年，第382—383页。

〔2〕 引自吉狄马加的《诗歌的起源》。译者注。

火塘闪着微暗的火，亲人们昏昏欲睡，

讲述者还在不停地述说……我不知道谁能忘记！

我的怀念，是光明和黑暗的隐喻。

在河流消失的地方，时间的光芒始终照耀着过去，

当威武的马队从梦的边缘走过，

那闪动白银般光辉的马鞍

终于消失在词语的深处。此时我看见了他们，

那些我们没有理由遗忘的先辈和智者，其实

他们已经成为这片土地自由和尊严的代名词。

我崇拜我的祖先，那是因为

他们曾经生活在一个英雄时代，每一部

口述史诗都传颂着他们的英名。[1]

吉狄马加诗中这种对于过去的回忆给了他无穷的力量，它是一种扎根于他那个民族的宗教信仰和民间传说中的魔力，其中并不是没有痛苦和冷酷无情的死亡的威胁，因为这一切总是伴随着人的生命的存在，可是它们后来便以一种独特的方式变成了作家想象中的东西。诗人对这种来自原始的魔力一定会有很多感受，而这也为他以后丰富的想象打下了基础，诗人不仅对它会有感受，而且会把这种感受反映在他的诗中。勒内·吉拉德[2]说，这也是一种文化的因素：

- -

〔1〕 引自吉狄马加的《火塘闪着微暗的火》。译者注。
〔2〕 勒内·吉拉德（1923—2015），法国哲学家、人类学家。译者注。

要发现那种创始的暴力，这就是说，要懂得，神圣的本身就充满了所有的矛盾，并不是因为它不同于暴力，而是因为这种暴力也不是单一的，有时候它可以救人和创造文化，有时候又相反地会破坏已经建成的东西。[1]

诗人想到了他们的那些聚会，许多眼睛都望着那个热烘烘的火炉膛，这个时候，就在这个地方发挥想象，进入了大地的一个空间和梦中的海市蜃楼，不断用歌声唱出了过去那些英雄的岁月。把世界缩小也很重要，可以暂时离开那个宇宙，让所有的一切都进入一个魔幻的世界，这里有一个装了用灯芯点燃了的甘油三油酸脂的小罐子在发光。伊利亚德说，这种想象在中国历史上各种不同的时代都有很大的意义，特别表现在用围墙把每家每户都隔离开，在自己的家门前建一些小的花园：

这是一个独立的小天地，是这个家庭自己建造的，要在这里获得魔幻的力量，在想象中和外部世界保持和谐。屋顶上有一些小岩洞作为装饰，在民俗中，岩洞在描绘花园的小型彩画中是不可少的，而且它在这里起很重要的作用，因为这是一个秘密的藏身之地，一些信道教的长生不老的人的住地。它被描绘成一个天堂世界，进到里面很不容易（"只有一扇狭窄的门"，这就是象征）。

但是整个这一组元素，包括水、树木、山、岩洞在道教的信仰中起很重要的作用，它们更加充实了这个古老的宗教的教

---

[1] 勒内·吉拉德：《神圣和暴力》，波兹南，1994年，第135页。译者注。

义，使它所见到的这个世界更加完整，因为这里有山和水，还有离我们这个世界更远的地方。这是一个非常美好的地方，因为这既是一幅小型彩画，也是一个天堂、极乐世界和永生的地方。这是最美好的风景——山和水——是永恒的圣地。这个地方在中国，每个春天都有许多小伙子和姑娘来这里相见，唱着各种宗教仪式上唱的歌，燃烧着爱情的火焰，我们很容易就可猜到这个古老的圣地的价值是如何提升的。在最早的时候，这里是一个享有特权的、封闭的和神圣的世界，少男和少女时而来这里聚会，要体验这里的神秘和宇宙的生殖力量。[1]

马加的诗里吹起了冰冷的宇宙风，毫不奇怪的是，他能以这么大的热情，在回忆中展现这个民族生活的微型画，他在这里感到安全，坐在篝火旁很温暖，自己也就变得全身无力了。彝族人民不管是活着的还是他们的祖先都到过中国的许多地方，也去过那无边的精神空间。但他们都要举行火的仪式，沿轨道运行，到达宇宙空间的深处。诗人一想到这个，就好像来到了黄河的岸边：

> 此时没有君王，只有吹拂的风，消失的火
> 还有宽阔，无限，荒凉，巨大的存在
> 谁是这里真正的主宰？那创造了一切的幻影
> 哦光，无处不在的光，才是至高无上的君王
> 是它将形而上的空气燃烧成了沙子

----

[1] 米尔恰·伊利亚德：《大自然的非神圣化》，华沙，1993 年，第 154—155 页。

光是天空的脊柱，光是宇宙的长矛[1]

火总是跟地上出现的各种不同的光线有关系，也会使人想到有神的地方就有火。火和黑暗是对立的，就像神圣和罪恶的象征是对立的一样。诗人出生在凉山的群山之中，经过短暂的幸福的童年，便进入了成年人所在的国度里，和他有过的幸福生活相反而且要付出代价的不是死。这里可以引一段弗沃基密日·塞德拉克的论述，他要说明生命是另一种形式的光：

> 死亡是给生上的一堂课，对人来说永远是这样，从人生活的旧石器时代开始就是这样。而这最明显地表现在和死亡订的契约上。关于生存我们只知道它和死亡是对立的，是它的对立面……

> 我一生出来就担负着一定要死去的责任，这是一个人在活着的时候就已订下的契约。我在没有还这个生理的债务之前，为了生活的乐趣，我想知道我的生命最本质的东西是什么，如果我的生命快要结束，那就只有走向死亡的道路了。在这种情况下，就一定要带着珠宝首饰一起走向死亡，而不要折磨自己。有了这些充满了活力的宝物，死和生就是等价了，解决了生和死的问题，就像看清了几何学中的两个量度一样。这时候，一个人就要找到第三个量度——长生不老。这就是说没有终了。此外还有生命的第四个量度——时间……生和一定要死

----

[1]　引自吉狄马加的《大河》。译者注。

的距离虽然不远，但这中间，却有很多事情要做，因此人就有了活动的天地，这是他的生命活动的场所。一个人对这有了认识，就决定了他在生物圈中的地位。[1]

马加是一个关心生和死的诗人，在这样一个封闭的天地里，他这个民族的人聚会，探讨那无边的宇宙的秘密，他们知道，生和死永远是对立的，而他的时间也是有限的，可是应当看到诗的创作和出版具有非同寻常的表现力，像莫言这样的作者，几乎征服了全世界，在几十种文字的出版物和许多不同的文化中，都有他的存在。照这么说，马加乃是代表中国人的思想和诗歌创作驻外的大使，首先是他让他亲爱的彝族人民进入了全球的思想意识中。他一直在寻找漂亮的语词，在宗教的美好事物和活火的闪光中去寻找漂亮的语词：

我要寻找的词

是祭司梦幻的火

它能召唤逝去的先辈

它能感应万物的灵魂[2]

这位创作者认为，永恒的火焰是一种古老的力量，有了它的支持，就可以和死去的先辈的灵魂取得联系。这些先辈也曾坐在篝火旁，唱着诺苏人的一些悲哀的歌，讲述那些英雄的故事，也会想到那些日历上记载的神话和农耕的神话，首先是述说那个抛弃人体的

----

〔1〕 W.塞德拉克：《生命是光》，华沙，1985年，第77页。
〔2〕 引自吉狄马加的《被埋葬的词》。译者注。

外壳进入精神的空间的过程。加斯东·巴什拉[1]说：原则上可以说诗学、心理学，甚至伦理学和火的联系。[2] 宇宙起源也有类似的情况，这里可以找到大自然活动的规律。除了马加，著名的天文物理学家史蒂芬·霍金在他关于维的理论中也指出了过渡的秘密，他认为火是最重要的膜：

> 如果我们确实生活在具有额外维的时空中的一张膜上，由膜上的物体运动产生的引力波会传播进其他维去。如果还存在第二张影子膜，它们就会被反射回来并且被束缚在两张膜之间。另外，如果只有一张单一的膜，而且额外维正如在朗达尔-桑德鲁姆模型中那样，无限地延伸出去，引力波将完全逃逸，并且从我们的膜世界带走能量。

> 这似乎违反了物理学中的一个基本原则：能量守恒定律，即宇宙中的总能量保持常数。不过，这只是因为我们的观点局限于在膜上发生的事，所以定律显得被违反了。一个可以看到额外维的天使知悉总能量并没有改变而只不过发散得更开而已。[3]

阅读文化诗歌作品第一次使我们发现了宇宙最深层的秘密，也引发我们对那种令人惊奇的过渡和我们毫无所知的宇宙深层的想

----

[1] 加斯东·巴什拉（1884—1962），法国哲学家、科学家、诗人，代表作《梦想的诗学》等。
[2] G.巴什拉：《梦想的诗学》，华沙，1975年，第118页。
[3] 见史蒂芬·霍金著《果壳中的宇宙》，吴忠超译，湖南科学技术出版社，2018年版，第191—192页。

象。诗人在他的诗歌和长诗中展现的部落的火焰使我们看到了宇宙的起源，它也体现了有生命和没有生命的东西，如人、岩石、猞猁的皮毛和山猫敏锐的视线所放出的能量。因此人们坐在炉膛旁，以极大的兴趣望着天空，感受到那原始的神秘，也可能那就是寻常的物质的氧化。只有诗歌才会写这些最初的化学和物理变化，展示更大的象征，用一个语词就可以表现最深刻的内容，用一首抒情诗就可以诉说一个生命像被烈火焚烧一样的痛苦和最后被火葬的悲剧。每一个字都是用来织起一首抒情诗和一个古老的神话的一根线，而这些神话也讲述了萨满教某种类型的宗教仪式或者诺苏人历史上有过的某种仪式。在马加的诗中，这些都是分不开的，他对神话的理解和伊利亚德的观点差不多：

> 神话要讲一段神圣的历史，这是说要讲那开创时期完成的一项正义的事业，讲述神圣的事业也就是要揭示秘密，因为神话中的形象并不是人，而是神或者代表某种文化的形象，因此它们的活动也是一个秘密，也可以说是一个宗教的秘密，一个人如果没有给他说清楚，他就不会知道这种秘密是什么。神话讲的实际上都是诸神或者人最初做的一些事情，"讲神话"就是讲真话，神话只要说出来了，它就是绝对真理。"是这样，或者已经说了，是这样！"埃斯基姆科希·内希利克认为，这就包含了宗教的历史和传统。神话说的是宇宙中出现一些新的东西，或者合理的现象，要说明什么已经完成或者已经开始。因此神话也表现了一种本体论的思想，它说的都是现实，什么真的发生了，并且充分地表现出来了。

当然这里说的是宗教神话中的现实，因为只有宗教的才是实际的。任何世俗的东西都不可能单独地存在，如果没有神话给它作本体的描述，它就不能成形。[1]

这一类诗中表现的本体论的思想是多方面的，但都是要说明彝族人的世界末日论的思想是指什么，说明在这个部落中，有些人大胆地走进了末日论的大门，认定人的机体的变化是不可避免的，并且着重指出了时间的决定作用，人的衰老和悲哀的葬礼是不可避免的：

> 一个崇尚自由的灵魂
>
> 为了得到人的尊严和平等
>
> 有时候可供选择的
>
> 只能是死亡。[2]

死是走向永恒的唯一的道路，在那里，火和冰就像一颗最新的新星的爆炸一样可怕，只有灵魂能够存在，在神话的天地里自由地活动。这就是大自然中所有的一切存在的状况，可是大自然要表现它大于一切活的生命的存在，它首先让生命享受它自己的乐趣，然后就要摧毁它的躯体，这里不会有任何的抵制和反抗，在生命的最后一刻，大自然胜利了：

> 千百年来，聪明的人都以他们对大自然的斗争和反抗而取
>
> 得了进步。因为大自然并不是要世界变得有秩序，也不会使一

----

[1] 米尔恰·伊利亚德：《神话是榜样》。

[2] 引自吉狄马加的《马鞍——写在哈萨克诗人唐加勒克纪念馆》。译者注。

切生灵有美好的命运，它代表的是暴力和破坏，但它究竟是好是坏，哲学家们也有不同的看法。它和人的关系是直接的，甚至是敌对的。人总是要用自己创造的社会反抗大自然，阻止它对它的破坏。大自然对人在社会中已有防范的地区是破坏不了的。在人的社会中，为了防止大自然的侵犯，也会建立道德标准，出现宗教信仰，同时也要建立国家，制定法律，组织生产劳动，建立集体的纪律，提高各种工艺制作的水平，以发展经济。这是一堵防止大自然侵犯、起保护作用的大墙，但它也有它的弱点，这就是爱情和死亡。因为在墙那边总有暴力侵犯的威胁存在。

社会已经采取了很多办法，要克服这两个弱点，尽力减少爱情的爆发和死亡造成的威胁，因而制定了关于性爱的禁令。这个法令的制定在各个社会中也不一样，但是对不合法的性行为是一定要禁止的。社会也要尽量减少不必要的死亡和疾病造成的死亡，不能让死亡阻碍社会的发展。但也要把死亡看成一种人生的过渡，一种戏剧性的过渡，因为它一开始就是这样。[1]

诗人懂得他的祖先对灵魂自身的看法，他也写过灵魂存在的方式，但是他参加了许多葬礼之后，也感到生死的分离是很痛苦的：

我注定要置于分裂的状态

因为在我还没有选择的时候

----

〔1〕 P. 阿列斯：《人和死亡》，华沙，1989 年，第 384—385 页。

在我的躯体里——诞生和死亡

就已经开始了殊死的肉搏

当我那黑色的意识

即将沉落的片刻

它的深渊却在升高

箭矢穿透的方向[1]

　　这里显现出了宇宙中的一个冷冻的深渊，就像银河系中的一个黑洞，什么都会陷入这个黑洞里，从里面是出不来的。一个活人整天工作，参加各种仪式，但是他的意识已经进入了他能感受到的深渊里，他处于一种睡眠的状态，进入了一个秘密的潜意识的国度，这个国度是和死亡的国度、和宇宙的远方连在一起的。他在梦中能够发现存在的秘密，发挥他的脑袋至今没有发挥的功能：

　　至今对梦的研究不仅遇到了有关生物化学的问题，而且也提到了许多有关人的意识的新的问题，这样也使我们能够了解人的思维有什么特性。

　　在梦中经历的各个阶段中，做梦的人可以听到各种不同的声音，听到一些信息的报道，在他醒来之后，会把这些信息在脑子里再重复一遍，然后和外部世界得到的相关信息加以比较，看到自己的意识的变化。[2]

----

〔1〕　引自吉狄马加的《分裂的自我》。译者注。
〔2〕　尤利乌斯·塞加尔：《梦、梦中的幻想和感受》，华沙，1970 年，第14—15 页。

在这位出身彝族的中国诗人的诗中，我们可以找到许多关于魔幻的梦境的描写，其中有一首显得很特别，因为它写的是梦在一个人生活的许多时候都是有价值的：

有时候，梦是如此清晰

而现实却是这般的虚幻

因为只有在梦里，我才能

看见另一个世界的母亲

她的微笑散发出温暖的光芒

她的皱纹清晰得如同镜子

当我的手掌触摸到她的指尖

那传递给我的温度和触觉

会让我在瞬间抓住一块石头

她的头发在轻轻地颤动

你能听见它划破粒子的声音

她的目光依然充满着爱意

那眼底的深处有发亮的星星

她的气息还在悄然弥漫

在第七个空间，这是她的空间

谁也无法将它占有

在那堵高墙的两边，生和死

将白昼和日月撬动旋转

当生命的诞生被无常接纳

死亡的凯歌也将择时奏响

没有什么东西能获得不朽

只有精神的钉子能打入宇宙

不要相信那些导电的物体

因为心灵将会被火焰点燃

而今天，我只能通过梦

才能与我亲爱的母亲见面

我原来不相信，梦的真实

要超过所有虚幻的存在

现在我相信，我的双手告诉我

在睡眠的深处，梦的重量

——已经压倒了天秤！〔1〕

----

〔1〕 吉狄马加：《梦的重量》。译者注。

四　火把节和过渡的仪式

彝族人很早就有对火的崇拜，他们往往焚烧一些蒿草和小树枝扎成的火把，烈火熊熊燃烧，很远之外的地方都能看见。每年 6 月 24 至 25 日的火把节（它也称星回节；彝语叫都则）是它最重要的表现。在这个节日里，要举行许多大的集会，人们都穿上很漂亮的民族服装，戴上银白色的真正的珠宝首饰，弹着三根弦的诗琴，一边跳舞一边唱了起来。这是年轻人聚会的好机会，他们互相表白自己的爱情，常常是最后就跑到附近的玉米地里或者林子里去。男人把甜蜜献给女人，女人们——也不是没有算计——要给他们喝很多烧酒，因此在这个节日的九个月之后，就有许多孩子诞生了，这也不是偶然的。这个节日的中心环节是穿一件火神的衣服的萨满和一些忠于他的仆人的来到，这个时候要把篝火烧得最旺，人们都跪下了，祈求丰收和在这一年以后的几个月能够获得幸福和关照。火把和篝火要燃烧三天三夜，是为了防止已经准备好的食品被虫咬了或者很快地腐烂。此外还要准备很多用牛肉和猪肉制的食品，人们一边跳舞和唱歌，一边吃和喝，但首先是要向大自然的诸神表示他们的祝愿，诗人也想到了这个节日，表示了他的祝愿：

我祝愿蜜蜂

我祝愿金竹，我祝愿大山

我祝愿活着的人们

避开不幸的灾难

长眠的祖先

到另一个世界平安

我祝愿这片土地

它是母亲的身躯

哪怕就是烂醉如泥

我也无法忘记

我祝愿凡是种下的玉米

都能生出美丽的珍珠

我祝愿每一头绵羊

都像约呷哈且〔1〕那样勇敢

我祝愿每一只公鸡

都像瓦朴多几〔2〕那样雄健

我祝愿每一匹赛马

都像达里阿左〔3〕那样驰名

我祝愿太阳永远不灭

----

〔1〕 彝族传说，约呷哈且是一头领头的绵羊。译者注。

〔2〕 彝族传说，瓦朴多几是一只雄健的公鸡。译者注。

〔3〕 彝族传说，达里阿左是一匹驰名的赛马。译者注。

火塘更加温暖

我祝愿森林中的獐子

我祝愿江河里的游鱼

神灵啊，我祝愿

因为你不会不知道

这是彝人最真实的情感[1]

诗人试图以他的思想和美好的词语来反映植物、动物和山川的世界，虽然这只是一个诺苏人民的代表所见到的世界，是他从一个人的出生到死所能见到的一切。这里的祝愿是针对这个民族所有活着的人，但也深入了那个神秘的世界，想要唤醒那已逝的先人，也请他们来到这样一个大的集体中，来和这些脉管里仍在流着热血的人们共度这个节日。他的这些话响遍了这个像母体样的整个地区，这里的游戏也是人们都喝得醉醺醺后玩起来的。但诗人就是喝了很多烈性的饮料，也不会忘记这里还有玉米的种子、水果、绵羊、公鸡、奔腾的马、天上的太阳、火的热气、森林里的獐子、河里的鱼，首先是这片土地的灵魂，他要把他周围的这一切都进行扫描，反映它们存在的富于本质的意义，并且要研究有关这一切的神话和他的那个社会关于一些具有象征性的动物的传说，绵羊、公鸡、自由奔跑的马，这都是一些起帮手和领导作用的灵魂。C.科佩尔说：

在神话、传说和童话中，可以把那些在群体中作为帮手和

----

[1] 吉狄马加：《星回节的祝愿》。译者注。

起领导作用的动物当作人的象征，在他们的日常生活中表现兄弟般的相亲相爱，对同乡和邻居甚至对全人类遭遇不幸都表示同情。这不仅是一门有实际意义的学问，它使我们发现了大自然中有一种我们不知道的直观和本能的东西，因为过去那种看似合理的富于理智的分析并没有看到这一点，能够说话的动物所象征和表现出来的感情和价值都被一些人否定了。动物并没破坏自然规律，也没有要改变自然规律，征服或者"囚禁"大自然。只因为人参加了这个集体，才采取了一些疯狂的行动，因此关于所有的部落都和大自然有亲密的关系的寓言和神话的主人公都是人……对动物的崇拜主要表现在以狩猎和游牧为生的社会中，随着农业生产的发展，对动物的崇拜就结束了，只有一些植物的幽灵还常常出现在一些宗教活动中。[1]

火把节是活着和已死去的人的一次快乐的聚会，用火作为这种聚会的一个美好的交结点，能激发人的想象，给来这里聚会的小孩、青年人、成年人和老人留下深深的记忆。特别是有节奏的音乐——萨满教的每一次火把节都要演奏这样的音乐——在这里起很重要的作用，它使聚会的人神魂颠倒，好像来到了一个神秘的空间。永恒的火焰照亮了他们的面孔，他们和音乐一起大声地念咒语，灵魂便从肉体中获得了解脱，毕摩和苏尼就可以把他们的灵魂送到那些已经死去的人们的世界，把他们的先人们也叫过来和他们见面。举行都则仪式，就是在火焰中将魔鬼烧化驱走，祈求丰收。

----

[1] J.C.科佩尔：《象征和神话中的动物》，波兹南，1998 年，第 9 页。

诗人是这个时代一个著名的文化使者，他要作忏悔的保证：

> 要是在活着的日子
>
> 就能请毕摩为自己送魂
>
> 要是在活着的日子
>
> 就能沿着祖先的路线回去
>
> 要是这一切
>
> 都能做到
>
> 而不是梦想
>
> 要是我那些
>
> 早已长眠的前辈
>
> 问我每天都在干些什么
>
> 我会如实地说
>
> 这个家伙
>
> 热爱所有的种族
>
> 以及女子的芳唇
>
> 他还常常在夜里写诗
>
> 但从未坑害过人[1]

这种对人们的爱扩大到对整个大自然的爱和诗人的生态学的观点有关，这一点在波兰的文艺学中，马乌戈扎达·列利加首先就提到了，她说：

----

[1] 吉狄马加：《送魂经》。译者注。

在吉狄马加的诗中，有一种特殊的观念，这是一种生态学的观念，除了表现对被人们损害的大自然的同情和爱，因为土地被破坏向人们提出的警告之外，还不断指出了人和大自然是共命运的，两者的存在、生和死都会以不同的形式出现，但是它们之间在某种意义上是相通的。因此在他的一些诗歌作品中，世界上出现的各种事物和现象都是相互依存的，消除了它们之间被分割开的界线，使人感到他们和它们在一起发挥作用，外表的颜色是一样的，发出的声音和行动的节奏也是一致的。

指出中国诗中这种综合的概念是很重要的，这和西蒙·伯龙-科恩[1]关于某些物质的概念的研究有联系，他在叙说一个人对某种物质状况的感受的时候，说这个人除了一种感受，还会有另一种感受，例如他听到一种较低的声音，就会觉得它很柔和，蓝色会使他感到凉爽，字母或者数字会使他想起某种色彩。列利加还指出了马加诗中一种不寻常的海侵现象[2]，他没有封闭在自己的文化领域中：

吉狄马加在他的诗，即便那些和他的祖国的传统有最紧密的联系的诗的创作中，都远远地走向了异国他乡。诗人干脆就在写他的世界，他的诗中的世界的中心虽然在凉山，但他也走

---

[1] 西蒙·伯龙-科恩，剑桥大学心理学教授，心理学家。译者注。

[2] 地质学中的一个名称，指海面相对于陆地上升时，海水进入并淹没陆地的现象，也叫海侵。他是说吉狄马加的诗描写的地域范围很广。译者注。

出了凉山，他所描写的范围包括中国的西南部和中国以外的世界：如欧洲、非洲和南美洲。主要是他的诗不仅有对这些地方的风景的描写，而且也接触到了这些地方的诗歌创作，阿赫玛托娃[1]、茨维塔耶娃[2]、米沃什、赫尔曼[3]、艾梅·塞泽尔[4]，这里只写了几个人的名字。

吉狄马加的诗歌发出的声音，是一个现代人的声音，他懂得自己要继承的传统，知道它很容易失去，他也懂得历史的丰满和世界的变化，我们需要听到他的声音。

诗人总是要说明他个人的特性，讲他在特定的时间和地点获得的人生经验：

我是这片土地上用彝文写下的历史

是一个剪不断脐带的女人的婴儿

我痛苦的名字

我美丽的名字

我希望的名字

----

[1] 阿赫玛托娃（1889—1966），二十世纪俄罗斯最伟大的诗人之一，同时也被公认为世界最伟大的诗人之一。吉狄马加为她写了《不死的缪斯——写给阿赫玛托娃》。译者注。

[2] 玛丽娜·茨维塔耶娃（1892—1941），二十世纪俄罗斯最伟大的诗人、散文家之一，同时也被公认为世界最伟大的诗人之一。吉狄马加为她写了《致玛丽娜·茨维塔耶娃》。译者注。

[3] 胡安·赫尔曼（1930—2014），当代阿根廷著名诗人。吉狄马加给他写了《真相——致胡安·赫尔曼》。译者注。

[4] 艾梅·塞泽尔（1913—2008），具有世界影响的马提尼克黑人诗人和人道主义者。吉狄马加为他写了《那是我们的父辈——献给诗人艾梅·塞泽尔》。译者注。

那是一个纺线女人

千百年来孕育着的

一首属于男人的诗

我传统的父亲

是男人中的男人

人们都叫他支呷阿鲁[1]

我不老的母亲

是土地上的歌手

一条深沉的河流

我永恒的情人

是美人中的美人

人们都叫她呷玛阿妞[2]

我是一千次死去

永远朝着左睡的男人

我是一千次死去

永远朝着右睡的女人

我是一千次葬礼开始后

那来自远方的友情

我是一千次葬礼高潮时

母亲喉头发颤的辅音

----

[1] 支呷阿鲁：彝族史诗中的创世英雄。译者注。

[2] 呷玛阿妞：彝族历史上著名的美女。译者注。

这一切虽然都包含了我

其实我是千百年来

正义和邪恶的抗争[1]

诗人把他自己看成那个生养过他但已死去的女人和那个在诺苏古老的史诗中歌颂过的永垂不朽的英雄支呷阿鲁的化身。因此他用了很多值得骄傲的称呼，而他自己在大地上的存在则是在一个有千百年文化传统的环境中。那些从生到死的过渡在马加的诗中都有非常精细的描写，他从现实世界来到了神话的天地，在那里了解了超人也就是一些英雄的本性，他也多次地再现过那上千次的服丧的仪式，母亲颤抖的声音，还有千百年来生和死的矛盾，躯体和灵魂的冲突。他的故事反映了整个时代的面貌，卡莉娜·雅任斯卡对他是这么理解的：

> 史诗不仅是一些书中写在许多页面上的文本，而且是诗的巨匠和记忆的巨匠安排的节奏和音乐，它会吸引那许多聚集在一起的听众。史诗不仅讲述了英雄人物许多新奇的故事，而且它也是一面文化的镜子，而它自己就是在各种文化背景下产生的，它要表现出文化的深邃和复杂。另外，它也不仅是一种文体，有自己的规律，像亚里士多德和一代又一代的艺术理论家说的那样，而且是——从自己的源头开始——一种在社会中还没有文字更没有文学理论的时候就自发地进行了创作的成果。

> 但是现在把史诗普遍地理解为符合某种类型文体创作的规

----

[1] 引自吉狄马加的《自画像》。译者注。

律，讲述在以社会转变时发生的一些事件为背景的英雄人物的历史的作品，这也是实在的，在英雄史诗出现的几个历史时期所产生的理论都说明了这一点。许多研究家（最重要的有米尔恰·伊利亚德、乔治·杜梅奇尔、艾利阿扎尔·米列廷斯基、弗拉迪米尔·普罗布）都为后来的史诗作品的创作提供过原始材料，这些史诗有的讲述萨满们象征性地去阴间寻找那些迷失了方向的灵魂的故事，有的介绍那些讲述或者表演过社会中一个年轻人从他的少年走向成年要举行的一种传统的仪式，有的讲一个杰出的文化人如何成长的故事，因为他就反映了他所在的这个社会文明发展的历史。[1]

诗人要成为一个英雄，以诺苏人这个共同体转变时期发生的事件为背景写它的历史，并以火把节的火来展现这个原始元素的面貌，当群星出现在天空的时候，这里的一切都显现出来了，因此作为一个英雄的诗人对火说：

> 你给我们血液，给我们土地
>
> 你比人类古老的历史还要漫长
>
> 给我们启示，给我们慰藉
>
> 让子孙在冥冥中，看见祖先的模样
>
> 你施以温情，你抚爱生命
>
> 让我们感受仁慈，理解善良
>
> 你保护着我们的自尊

----

〔1〕 K.雅仟斯卡：《来源于文化的世界史诗》，华沙，2011 年，第6 页。

免遭他人的伤害

你是禁忌，你是召唤，你是梦想

给我们无限的欢乐

让我们尽情地歌唱

当我们离开这个人世

你不会流露出丝毫的悲伤

然而无论贫穷，还是富有

你都会为我们的灵魂

穿上永恒的衣裳[1]

这是一首对火和人民的赞歌，多少世纪以来，诺苏人一看见火就懂得了自然元素的强大力量，总是想着要跟它发生联系，不是在举行都则仪式，就是在火葬中将躯体烧化。诗人是这个时代一个著名的文化使者，是一个正面的形象，和各种骗子以及罪恶势力的代表完全不一样，他的创作（活动）表现了一种善良的愿望和使命，要摘取人们想象不到的果实，也很难把它们看成只是一个人要摘取的果实。这个萨满和毕摩说明了一个活着的人，他活在这个世界上就是他的人民的神话中的人物，就像雅任斯卡提到过宇宙起源学的前面几章中提到的一个人物那样：

这个世界各种各样的神话都讲了一个在人类发展的原始时期所出现的文化使者，当时在他的近邻中还有一个人物，在某种程度也和他有过合作，但这个人在某种意义上说正好是这个文化使

----

[1] 吉狄马加：《彝人谈火》。

者的对立面，被称为骗子。这个骗子的特性首先是多变，对他什么都难以预料。他总是改变自己的形象（总是把自己从人变成动物，或者从动物又变成人），他的所作所为违反了所有的规律，经常造成喜剧性的后果。这种骗子最典型的形象就是在印度神话中经常出现的美洲乌鸦，艾利阿扎尔·密列廷斯基对这个形象的介绍很有意思："如果说喜剧作品中的乌鸦违反所有的社会法规的话，那么叙事作品中的英雄人物，总是要遵守原始的人类共同体中的道德规范。可实际上，不管是普通的英雄人物，还是喜剧中的人物都表现了人民的理想，只是前者是以正面形象表现出来，而后者则是以批判的形象表现出来的。这两种形象的表现都是为了对社会治理采取科学的正确的方法，它们都出现在一些民间叙事的歌谣中，在那里总有一个叙事的主人公，他有时候违反那个原始共同体中应当遵循的行动准则（如帕迪罗洛斯），或者和作品中的主要人物讨论什么是好什么是坏的问题（如奥利维尔），如果他被惩罚，就不是英雄人物了（恩奇杜）。其实，在绝大多数的叙事作品中，都出现过这种双重的形象或者近似的人物，他或者就是一个英雄人物的同志，也可能是一个群体的代表，体现了这个群体所追求的理想，或者一个民族值得骄傲的代表，这些都是一部史诗中的正面人物和形象，是值得纪念的。虽然这些人物和形象的描写以今天的观点来看是有争议的，但他们产生于人类最原始的神话和宗教信仰。[1]

----

〔1〕 K.雅任斯卡：《来源于文化的世界史诗》，华沙，2011年，第14页。

诗人把自己看成一个英雄和鹰的后代[1]，他毫不犹豫地让自己站立在支呷阿鲁的行列中，他相信和呷玛阿妞亲近会获得奖赏。然后他要经过火的过渡，获得永垂不朽的荣誉，进入逝者，他的先辈——吉尔加梅什、赫克托尔、罗兰的行列，他们都是那王国无边的疆域和化为灰烬的城市的守卫者。[2] 在欧洲和美洲的文化中，这会使人感到惊奇，但是对于居住在各种不同的地区的诺苏人的后代来说，这就是安德烈·马尔罗[3]说的那种宗教信仰互通的表现。

艺术并不是宗教，但是艺术创作者毫无疑问有一种使命感，这种使命感本质上不是出于爱好，而是词典上下的一个定义，这就是信仰，"得到了心灵和理智认可的信仰"。要创作，不知疲劳地进行创作，因为它能证明有一个想象的博物馆，这种想象和母爱具有同等的价值。历史并不需要文学创作表现的不寻常的特色。有意思的是，历史完全忽略了这么一种情况：任何艺术作品都不是它本身就会使人们得到理解的。[4]

但诗歌并不是从什么里面长出来的，它的背后总有一些伤痛的体验和每一个人在这个世界上的存在所获得的主要的经验。对诺苏人来说，所有的一切在火把节和丧葬也就是从生到死的过渡的仪式上都可以看到，宇宙最后战胜了人世，在巨大的篝火旁的聚集就像

〔1〕 见吉狄马加的《彝人之歌》。译者注。
〔2〕 兹比格涅夫·赫贝特：《科吉托先生的寄语》。译者注。
〔3〕 安德烈·马尔罗（1901—1961），法国小说家、评论家。译者注。
〔4〕 安德烈·马尔罗：《行进和文学》，华沙，1982年，第113—114页。

是要马上化为灰烬，就像受到闪光的刺激，就像是由于魔鬼的好意，可以自由地进入那广阔的精神天地。对那在黑暗中突然出现的火的意义，勒内·吉拉德是这么说的：

> 夜里的篝火大大地胜过从热源和光源发出的热和光。只要这种篝火燃起来了，所有的人都会聚集在它的周围，物体和存在都会改变。不久前还是普通的一群，一个群体，其中每个人都是一个单个的存在，可现在已经变成了一个共同体，所有的手和脸面都朝着火的那方，火光把他们照亮了，这好像有一个神明对人们给他的祈祷作出了好心的回答。大家都望着篝火，但也不能看自己，这样他们就可以相互交谈和看 看对方，一起享用圣餐，达到相互理解。[1]

活着和已死去的人，各个世纪的毕摩、苏尼和萨满、具有相同的信仰的耕田的和织布的人的伟大的共同体就是这样产生的。但是吉狄马加的诗歌创作包罗万象，它走得更远，白桦[2]说他的诗歌涉及范围包括整个世界，甚至包括整个看得见和看不见的宇宙。诗人出生在那已经展现出来的神话中的凉山的现实中，火成了永恒的魔法，证明了事物永远是要变的：

> 我写诗，是因为我们在探索生命的意义，我们在渴望同自然有一种真正的交流，这种神的交流当然是来自心灵而不是表面。

----

[1] R.吉拉德：《献祭的山羊》，罗兹，1991年，第220页。
[2] 白桦（1930—2019），中国著名诗人和作家。译者注。

我写诗，是因为多少年来，我一直想同自己古老的历史对话，可是我却常常成了哑巴。

我写诗，是因为渴望表达自己真实的感情和心灵的感受。我发现有一种神秘的力量在感召着我。

我写诗，是因为希望它具有彝人的感情和色彩，同时又希望它属于大家。

我写诗，是因为我天生就有一种使命感，可是我从来没有为这一点而感到不幸。

我写诗，是因为对人类的理解不是一句空洞无物的话，它需要我们去拥抱和爱。对人的命运的关注，哪怕是对一个小小的部落作深刻的理解，它也是会有人类性的。对此我深信不疑。

我写诗，是因为人类居住在这个不断发生着变化的大地上，人类面对万物和自身，时时刻刻都在寻找其本质和规律。

我写诗，是因为在现代文明和古老的传统的反差中，我们灵魂中的阵痛是任何一个所谓文明人永远无法体会得到的。我们的父辈常常陷入一种从未有过的迷惘。

我写诗，是因为我相信，忧郁的色彩是一个内向深沉民族的灵魂显象。它很早很早以前就潜藏在这个民族心灵的深处。

我写诗，是因为我相信，人死了安息在土地和天空之间。

我写诗，是因为我的父亲是神枪手，他一生正直、善良，只要他喝醉了酒，我便会听他讲述自己的过去。泪水会溢出我的眼睛。[1]

　　大自然中生命的存在使诗人懂得它有一个质变的过程，也使他看到了那些原始元素（因素）在这里所起的作用。这是一个人从母体触及了他的肉体，到最后变成了一个冷固的躯体的过程，从血脉变成没有物质存在的轻飘的灵魂，它飘浮在空中，看不见，只有一种神秘的存在。西方的宗教充满了幻想，有很多人们崇拜的偶像、圣洁的殓衣和圣人的偶像，而东方的宗教则表现为一种神秘的洞察，要有很多天文的知识，也有诗的表现，要诺苏人信仰这种宗教，而佛教和毕摩的信仰则给他们指明了方向，要他们相信，在这个没有边际的空间中，有无数的生灵。[2] 虽然彝人很特别地居住在被凉山包围的这片土地上，但他们和外部世界的代表是有交往的。因为他们距离西藏很近，所以他们的宗教信仰和民歌中大都表现了喇嘛教、神道教[3]和儒家的思想，人和魔鬼的斗争，能够创造一切的光的神话。在吉狄马加的诗中表现得这么好的这个民族创造神话的能力都由伊利亚德在理论上加以说明了，这种神话来自对宇宙中有什么存在的深信，因为这个民族深信宇宙中的灵魂的存在。

　　不管怎样，一个人如果意识到自己所处的环境，也就是说他在宇宙中的一种特殊的存在方式，那么他也就习惯了自己这

----

　〔1〕　引自吉狄马加的《一种声音——我的创作谈》。译者注。
　〔2〕　A.希什科-博胡什：《佛教》，弗罗茨瓦夫，1984年，第9页。
　〔3〕　神道教是属于日本的特定宗教，其源头为萨满教，而萨满教则是一般广泛使用的、存在于世界各地的原始信仰的形式。译者注。

种存在的方式，能够表现出对那些决定自己的命运的图景和神话有认识，因为这些图景和神话在人类的思想传统中占有特殊的地位。[1]

就像生和死的存在是不容置疑的事实一样，在神秘的宇宙中也有一个现实的存在，诺苏人在星回节聚集在大的篝火周围，举行古老的过渡仪式，向宇宙表示敬仰。这个民族最伟大的诗人也表示了他对这个仪式的颂扬，他感到自豪的是，他生出来就能歌颂永恒的宇宙，遵循它发展的规律：

> 作为诗人我们是这般的幸运，
>
> 因为古老的语言还存活在世间，
>
> 就是我们的肉体已经消失得毫无踪影，
>
> 但我们吟唱的声音却还会响彻在宇宙。
>
> 朋友，你们看，在时间的疾风里，
>
> 所有物质铸成的形式都在腐朽，
>
> 任何力量也都无法抵抗它的选择，
>
> 这不是命运的无常，而是不可更改的方向。
>
> 如果有什么奇迹还会在最后时刻出现，
>
> 那就是我们的诗歌还站在那里没有死亡。[2]

----

〔1〕 米尔恰·伊利亚德：《图景、神话、思辨》，华沙，1994年，第183页。

〔2〕 引自吉狄马加的《博格达峰的雪——致伊明·艾合买提》。译者注。

但是我却相信，宇宙的秩序

并非来自于偶然和混乱

我与生俱来——

就和岩羊、赤狐、旱獭

有着千丝万缕的依存

——吉狄马加《我，雪豹……——献给乔治·夏勒》

第三章

雪豹呼噜的叫声

吉狄马加诗中的

泛灵论和兽形说[1]的主题

---

[1] 一种宗教概念，把兽类的形状和属性看作神的表现。译者注。

一　骄傲的公牛

　　人类在动物的包围中生长，愈来愈意识到自己存在的价值，并且和动物保持了愈来愈亲密的关联，和愈来愈广泛的交流。我们这个种族的第一批代表身上披的是牦牛、羚羊和老虎的皮，头上戴的是狐狸、狍子和紫貂皮的帽子，脚上穿的是水牛和猛犸的硬皮制的鞋，吃的是被他们杀了的一些哺乳动物的肉，但他们有时候又把它们养在家里，虽然这些动物野性十足，难以驯养。这里有两首吉狄马加写得非常好的诗，充分表现了一个大的动物的骄横和力量，这是一头凉山的牛的历史：

　　　　它站在那里

　　　　站在夕阳下

　　　　一动也不动

　　　　低垂着衰老的头

　　　　它的整个身躯

　　　　像被海浪啃咬过的

　　　　礁石

　　　　它那双伤痕斑斑的角

像狼的断齿

它站在那里

站在夕阳下

紧闭着一只

还剩下的独眼

任一群苍蝇

围着自己的头颅飞旋

任一些大胆牛虻

爬满自己的脸

它的主人不知到何处去了[1]

这个野兽已经老了，而且有一只眼是瞎的，它的角也断了，但诗人把它描绘得像一座青铜的雕像，充分表现它的坚定的意志和力量：

它站在那里

站在夕阳下

这时它梦见了壮年的时候

想起火把节的早晨

它好像又听见头上的角发出动人的声响

它好像又听见鼻孔里发出远山的歌唱

它好像又嗅到了斗牛场

- -
[1] 引自吉狄马加的《老去的斗牛——大凉山斗牛的故事之一》。译者注。

那熟悉而又潮湿的气息

它好像又感到一阵狂野的冲动

从那黑色的土地上升起

它好像又感到

奔流着的血潮正涌向全身

每一根牛毛都像坚硬的钢丝一般

它好像又听到了人们欢呼的声音

在夏日阳光的原野上

像一只只金色的鹿

欢快着奔跑着跳跃着

它好像又看见那年轻的主人牵着它

红色的彩带挂在了头顶

在高高的山冈

它的锐角挑着一轮太阳

红得就像鲜血一样[1]

马加在这里又说明了这头牛和它的主人融和的关系，就是在火把节把这头牛杀了，这种关系也是融和的，但这在欧洲人看来，是难以理解的，约翰·内达姆对这种融和是这么解释的：

中国人对世界有各种不同的看法，他们认为，所有的生灵都能够和睦相处和相互合作，这不是因为有一个外部的力量对他们进行管制，而是因为这些生灵本来都是一个整体中的组成

----

[1] 引自吉狄马加的《老去的斗牛——大凉山斗牛的故事之一》。译者注。

因素，这个整体的形成也符合它们的意愿，这是它们创造的一个宇宙的模式。新时代的科学和哲学对生物机体研究的水平已经有了提高，这是因为融入了我们对宇宙、生物和社会的进化的新的认识，而这又使我们想到了中国人的这些明智的观点。但尽管如此，谁又能够大胆地说，牛顿的时代不具有本质的意义呢?[1]

科学和哲学就像是可变的有机体，在各种时代的诗中都有反映，它们的这种可变性也表现在彝族人民这位最伟大的诗人的作品中，一头勇敢的公牛在它生命的最后时刻，尽管它有许多不足，诗人仍然展现了它在斜阳照射下的雄伟的姿态：

它站在那里

站在夕阳下

有时会睁开那一只独眼

望着昔日的斗牛场

发出一声悲哀的吼叫

于是那一身

枯黄的毛皮

便像一团火

在那里疯狂地燃烧[2]

----

〔1〕　约翰·内达姆：《伟大的检测，中国和西方的科学和社会》。译者注。
〔2〕　引自吉狄马加的《老去的斗牛——大凉山斗牛的故事之一》。译者注。

一个野兽就是要拿去宰杀，在战斗的舞台上也会最后一次闪现它的光彩，因为它在这里像耍魔术似的变成了火的元素，开始焚烧它那悲哀的生命，在关于宇宙的起源和中国的神话中都有这样的说法。在中国的神话中，最著名的是关于牛郎和美丽的织女的爱情故事：

> 牛郎，这个牧神爱上了织女这个天上的纺织女。这一对恋人是这么一心相爱，连他们的牲口和纺织机都不要了。由于天上的神明对他们的不满，王母娘娘下了决心，用她的发簪在天上画了一条界线，将他们隔开。从此牛郎所代表的牛郎星和织女所代表的织女星就被一条汉河，就是我们知道的银河隔开了。幸好在每一年的七月七日，喜鹊会给他们临时搭一座小桥，让他们相聚。

> 但这里要注意的是，这两颗代表神话中的人物的星一点儿也不像和它们相近的牵牛星和织女星。这说明在几千年前，由于岁差[1]的作用，一些星球和相应的星座的位置有了改变，那么这个神话一定是很古老的，比它的文字记载要早。[2]

古老的传说和神话对诺苏人的思想和他们属于同一个种族的意识的形成起了很大的作用，诗人马加也是这样，他除了吸取这些神

---

[1] 太阳和月球的引力对地球赤道的作用，使地轴在黄道轴的周围做圆锥形的运动，缓慢西移，约二万五千八百年环绕一周。译者注。

[2] 米耶奇斯瓦夫·耶日·金斯德：《织女和牛郎，中国神话》，华沙，1981年，第247至252页。

话的营养之外，也将中国别的地方的神话中的概念灌输到了自己的抒情诗中，此外他还毫不犹豫地接受了西方文学许多最伟大的创作成就，例如欧纳斯特·海明威的小说（在这里马加用了这么一句话作为他的一首诗的题词，你尽可以把他消灭掉，可就是打不败他）。[1] 他的凉山的公牛走的是自己的路，它像《丧钟为谁而鸣》的作者[2]在小说中描写的那些有角的公牛一样，来到了斗牛场，这就是人们要反对的暴力和野性：

> 在一个人们
>
> 熟睡的深夜
>
> 它有气无力地躺在牛栏里
>
> 等待着那死亡的来临
>
> 一双微睁着的眼
>
> 充满了哀伤和绝望
>
> 但就在这时它仿佛听见
>
> 在那远方的原野上
>
> 在那昔日的斗牛场
>
> 有一条强壮的斗牛向它呼叫
>
> 用挑战的口气

----

[1] 欧纳斯特·海明威（1899—1961），美国作家，在他于1952年发表的小说《老人与海》中有一句名言："一个人不是生来就要给打败的，你尽可以把他消灭掉，可就是打不败他。"这就是《老人与海》的主题。译者注。

[2] 即海明威。译者注。

喊着它早已被遗忘的名字

戏弄着它，侮辱着它，咒骂着它

也就在这瞬间，它感到

有一种野性的刺激在燃烧[1]

彝族诗人关于牛的神话的描写就像这个美国作家叙说的一样，充满了激情和活力，这里只要引这个作家的散文中的一段就足以证明这一点：

公牛是断然难以置信的。它看似庞大的远古动物，恶毒至极，凶残至极。它默不作声。它默默地冲锋，飞速地迈着轻快的步子。转身时，它四蹄并用，像猫一样。它往前猛冲时，最先想到的是骑劣马的三名长矛手中的一位。那长矛手用踢马刺策马，一路疾驰而去。公牛直冲而上，紧追不舍，飞快地向马的一侧猛撞过去，无视前面的马，高举起一角，直触长矛手的大腿，连人带鞍一并掀下马背。

长矛手躺在地上，公牛却是仍然肆意冲向前去。下一个长矛手坐在马上，长矛掌握在手里，马稳固地站住，准备迎接公牛的冲撞。公牛猛撞了马的一侧，马带着人腾入高空，蹄子一阵乱踢，掠过牛背跌落下去。马蹄一着地，公牛便又猛冲上去。[2]

---

[1] 引自吉狄马加的《死去的斗牛——大凉山斗牛的故事之二》。译者注。
[2] 见欧内斯特·海明威：《斗牛：一出悲剧》，杨恝译，《译林》1994年第3期，第149页。

大凉山的牛是不受约束的，它在斗牛场上可以做出料想不到的动作，但它总是要死的，它能活下来的日子也是算定了的。它在牲口棚里会用自己的身子去擦挤周围的栅栏，显示自己的力量，它会把一些木板子都踩破，用牛蹄子去踢石头，用牛角去挖地上的土。野兽就像有一种超感觉，它能感觉到自己已临近死亡，人们很多次地见到猪、牛、山羊或者绵羊要宰杀或者拉到屠宰场去的时候会哭起来，卡罗尔·达尔文说，牲口遭到强敌的攻击或者被宰杀的时候，会"像人一样"，发出绝望的哀号：

> 包括人类在内的许多种动物，把发声器作为一种表情手段，并且是最有效的手段。如前章所述，感觉中枢受到强烈兴奋时，一般来说，身体的肌肉就会投入激烈的活动中，其结果，即使是一般情况下，这种动物不会发出声音，或者所发出的声音毫无用处，它也会发出高亢而洪亮的声音。例如野兔和家兔，我相信除了它们遭受极度痛苦，如野兔被猎人打杀、幼小的家兔被黄鼠狼捕捉时以外，是决不会使用它们的发声器官的。牛和马在忍受巨大痛苦时一般保缄默，但当这种痛苦过于剧烈时，尤其是带恐惧时，就会发出极为可怕的声音。在南美亚马孙河流南部的番巴斯大草原上，用圈索捕牛而弄断其腿筋时，牛所发出的接近死亡的痛苦的叫声我在很远的地方也多次听得到。马遭受狼的袭击时，也会发出大声的悲鸣。[1]

----

[1] 《人与动物的情感》，查尔斯·达尔文著，余人等译，四川人民出版社，1999年，第74、75页。译者注。

吉狄马加诗中的牛有时候会发疯，它的这种状态有可能是感到自己就要死了：

　　　　于是，它疯狂地向

　　　　那熟悉的原野奔去

　　　　就在它冲去的地方

　　　　栅栏发出垮掉的声音

　　　　小树发出断裂的声音

　　　　岩石发出撞击的声音

　　　　土地发出刺破的声音

　　　　当太阳升起的时候

　　　　在多雾的早晨

　　　　人们发现那条斗牛死了

　　　　在那昔日的斗牛场

　　　　它的角深深地扎进了泥土

　　　　全身就像被刀砍过的一样

　　　　只是它的那双还睁着的眼睛

　　　　流露出一种高傲而满足的微笑[1]

　　这头野兽被制服了，死了，但它因为死却取得了胜利，就好像这正是它要向人们表现的一个最后的姿态。达尔文说得有道理：牺

----

[1] 引自吉狄马加的《死去的斗牛——大凉山斗牛的故事之二》。译者注。

畜的"情绪或感情的表现都非常轻微……"〔1〕 这是有经验的牧人在各种不同的情况下都能够了解到的。

---

〔1〕《人与动物的情感》，查尔斯·达尔文著，余人等译，四川人民出版社，1999 年，第 120 页。译者注。

二 比野兽更机灵

人们从一开始就深深知道，可以捕猎或者在家里喂养动物，他们书写故事，创造神话和传说，这些作品的主人公有些也是动物。在中国的文化中，我们可以找到许多这样的传说，这个国家的几十个民族创造了极为丰富多彩的文化，其中每个民族都由他们的第一个首领和后来的统治者们集中领导，这些统治者的每一个都在中华民族的伟大的历史书上，写下了他们的个性、痛苦经历、勇敢、机智、力量和坚持的表现。猎人们每次去打猎，他们首先不是祈祷求福，而是要诅咒那些凶猛的野兽，同时要设法驯服那些跑得很快的鹿，深入了解动物的习性。在打猎的时候，要耐心等待一些野兽的出现，寻找它们的足迹，在呼吸空气的时候，要注意那些可能闻到的刺鼻的气味，想到对方会怎么样，它们会怎样保护自己。要表现得比自己猎取的对象更机灵，例如采取一些隐蔽的办法：在自己的衣服上涂上麝香、野兽的血或者尿。野兽也本能地知道它们会遇到危险，因此总是很小心地躲在森林里、草原上、群山中和谷地里，但是捕猎者读过他们的祖先狩猎的故事，还有他们的祖父、父母和姑舅们给他们出主意，想办法，他们就会比他们要猎取的野兽更机灵，在一条狭窄的小道上或者植物生长十分茂密的地方追上它们，把它们抓获。马加的诗中说了要保护亚洲的一种神话中的动物雪豹，这种动物也曾出现在许多别的神话和传说中，特别是在北亚和中亚的神话中。这个爱狩猎的诗人也在寻找它，要找到它的足迹：

> 失踪在雪域的空白里
> 或许是影子消遁在大地的子宫
> 梦的奔跑、急速、跳跃……
> 没有声音的跨度，那力量的身姿
> 如同白天的光，永恒的弧形
>
> 没有呜咽的影子，独行
> 在黎明的触角之间，只守望
> 祖先的领地和疆域，
> 远离铁的锈迹，童年时的记忆往返，
> 能目睹父亲的腰刀，
> 插进岩石的生命，聆听死亡的静默。
>
> 高贵的血统，冠冕被星群点燃，
> 等待浓雾散去，复活的号手[1]

这里要知道野兽是怎么想的，说明它们的活动的空间和一个猎人采取某些祖传的对付它们的办法，在中国的神话中，一只白颜色

---

[1] 引自吉狄马加的《我，雪豹……——献给乔治·夏勒》。译者注。

的老虎起很大的作用，有时候把它当成是一只白虎精，进入它已经盯住的那个不幸者的体内，把它咬死。中国文化的研究家们知道，中国汉族的神话是不断发展的，其中也包括像彝族和其他少数民族地区的神话，米耶奇斯瓦夫·耶日·金斯德在整理自己一部重要著作时指出：

> 中国的神话一个最明显的特点是，它永远是那么活生生的，属于我们不知晓的文化领域。希腊神话和我们较为亲近，千百年来，我们的文化发展从它那里不断地吸取营养，但它是个封闭的世界，因为就是这么多年来，它的内容丝毫没有改变。而中国的神话却不是这样，直到现在，它还一直有新的发展，在不断地补充着我们遗忘了的过去有过的情节，也在不断地再现我们遗忘的往事。[1]

这个研究家毫无疑问是要揭示一个越来越大的文化空间，了解整个中国的文化——它过去也曾局限在某一个地区，例如诺苏人居住的地区，而没有扩大它的范围。对一些习俗和宗教仪式的科学研究，也主要根据一些著名的人类学家和文化学者对那些神话和萨满教中说的宗族关系为依据。在上面引的《雪豹》的这个片段中，诗人也说明了萨满教的宗教意识是在一些什么社会环境中产生的，还有举行狩猎的表演，参加这种表演的人都会跳起舞来，在他们的表演中将在本地区打猎的情景和场面在舞台上展现出来。萨满的头

----

〔1〕 米耶奇斯瓦夫·耶日·金斯德：《织女和牛郎，中国神话》，华沙，1981年，第280页。

上总是戴一个面罩，一会儿装成一只狮子或者草原狼，一会儿又把自己变成一条鳄鱼或者一只乌鸦。这种表演能够反映这个部落的文化特色，其中也有某些示意，要模仿一些猛兽和有蹄类动物的动作，表现出人和他的这些牺牲品的复杂关系。同时相信人还会要成为超人，这是一种泛神的观点，他的灵魂和狼、豹、鬣狗和宽鼻白鲑的灵魂是血肉相连的。

> 每一个早晨，都是黄金的巫师，
>
> 吹动遗忘的颂词。从此
>
> 不会背离，法器握在时间之中，
>
> 是在谁的抽屉里？在闪电尖叫后，
>
> 签下了这一张今生和来世的契约。
>
>
> 光明的使臣，赞美诗的主角，
>
> 不知道一个诗人的名字，在哪个时刻，
>
> 穿过了灵魂的盾牌，尽管
>
> 意义已经捣碎成叶子。痛苦不堪一击。
>
> 无与伦比的王者，前额垂直着，
>
> 一串串闪光的宝石。谁能告诉我？
>
> 就在哪一个瞬间，我已经属于不朽！[1]

吉狄马加——一个中国现代文化诗人——跟随古代萨满教徒的足迹，想要对在古代唯一的一种在雪山的顶上和周围的一带度过了

---

[1] 引自吉狄马加的《我，雪豹……——献给乔治·夏勒》。译者注。

童年、少年和成年的猛兽的意识进行深入的研究，长诗《我，雪豹……——献给乔治·夏勒》是他的最重要的创作成果之一，他在这里史无前例地对这只野猫的意识进行了大胆的研究，而且要把他的这个作品献给美国著名的动物和生物学家乔治·夏勒[1]，这当然不是没有道理。乔治·夏勒是美国雪豹研究协会和猫咨询委员会主席。他的许多关于西藏和亚洲别的地方的猛兽的研究著作都是根据他的实地调查写成的，这些著作也使诗人吉狄马加对雪豹的行动和习性有了深入的了解，当然他在火把节的篝火旁和他的这个民族的一些友人的家里听到的这方面的故事也对他有很大的启发。这部长诗抒情的出发点表现在诗人意识中的宇宙能量的变化，有一只雪豹藏身在雪山里的一个斜坡上，有一颗陨星放射出明亮的光彩，有一条银白色的鱼很神秘地从深水中跳了出来，一直飞向那阴暗的苍穹，这里表现了人的思想和动物的习性，把它们联系起来，两者虽有不同的表现，但有同等的价值。雪豹站在大山里的一个斜坡上，把视线投向了那不很清晰的猎人活动的远方。那里有许多会成为牺牲品的动物，但这是诺苏人的土地，它永远引以自豪的是它能使人产生许多美好的幻想，展现一片有豹的足迹的阴暗的空间。这里还有一个萨满，他能保证狩猎的成功。像伊利亚德说的那样，西藏和中国的中西部都渗透了萨满教的思想和教义：

　　一般来说，我们在中国可以看到萨满教义几乎所有的表

----

〔1〕　乔治·夏勒（1933—　　），美国动物学家、博物学家、自然保护主义者和作家。他曾被美国《时代周刊》评为世界上三位最杰出的野生动物研究学者之一，也是被世界公认的最杰出的雪豹研究专家。译者注。

现，升天，寻找灵魂，"精神"的包装，对火的掌握和别的一些魔法等等。我们很少见到下地狱特别是到地狱里去探视有病或者死亡的灵魂的说法，虽然这一切在民间的歌谣和习俗中都有反映。

我们这里还要指出在谈到萨满教时没有提到的一点，简单地说就是萨满和动物之间的联系，这也是中国的萨满教中关于动物的神话中的内容……人们知道，在中国古代，人们就已经了解到萨满的跳舞和动物的动作有联系，它们都具有天文学的象征意义。专家们都认为在表现了人和动物的联系的神话和宗教仪式中，看不到中国的图腾崇拜的迹象。人和动物的联系是宇宙学研究的内容（动物一般都代表夜晚、月亮和土地等），具有首创性（动物在神话中是祖先—首创者）。[1]

在上面提到的那部规模宏大的长诗中，可以很清楚地看到两个尊贵之物：萨满和雪豹，他们相互之间有紧密的联系。在这里诗人有自己的发挥，他就像展示了一块布面，上面有许多非常好看的图像，这就是长诗依次展现的各个部分。动物和人的神奇的出世，后来他们和它们的血脉不断地变得更加高贵，于是就要掌握创造的规律。他们和它们每天都要到处巡视，来到山的斜坡上，来到谷地里，看见雪地里出现了第一滴血，一块生肉的滋味反映了就要来到的一些日子是怎么样的，毛皮上的斑点是犯了罪的记号——因为死

----

〔1〕 见米尔恰·伊利亚德：《中国萨满教的象征和技术》，华沙，1994 年，第451—453 页。

才有了生。马加把雪豹看成在凉山一种永远要起变化的物质因素，它不仅在凉山，而且在我们这颗行星上的每个地方都是这样。这样便形成了人的意识，把生存的范围局限在自己所在的地盘。一个彝族的猎人出去打猎的时候，不管是这个猎人还是他要猎取的野兽都会说：

> 我永远活在
>
> 虚无编织的界限之外
>
> 我不会选择离开
>
> 即便雪山已经死亡[1]

中国人和他们的萨满教的头人都相信，人能够进到猛兽的灵魂中去，知道它很机灵、善于找到一些足迹，追捕它要获得的牺牲品，找到一个秘密的地方把它抓获。这么说来，人和野兽这两个尊贵之物都有一种能量的表现，他们或它们的能量会慢慢地消失在某个空间，但永远不会完全消失。祖先会说到他们，在风的呼啸声和在山顶上盘旋的老鹰的叫声中，也会将它们的这种能量表现出来。不管是在凉山，还是在许多面积非常宽广的地方都有萨满教的这种信仰，关于这一点，米尔恰·伊利亚德又说：

> 我们不应忘记，萨满巫人和动物在精神上的联系，很突出
>
> 地反映在萨满教的神话中，对于当今没有神灵思维方式的人们
>
> 来说，是难以理解的。披上被捕杀的野兽的皮对于一个原始人

----

〔1〕 引自吉狄马加的《我，雪豹……——献给乔治·夏勒》。译者注。

来说，就等于他自己也成了这个野兽，而且他也会感到他变成了这个野兽。我们同样看到，今天的萨满巫人都认为自己能够变成野兽，但是我们很难说，他们一定要披上野兽的皮，这里要说的是他们如果把自己装扮成野兽，会有什么感觉。我们认为，这种要魔术样的变化就"改变了自己"，是一种神魂颠倒的表现。

模仿野兽的行走或者披上野兽的皮，这就采取了一种超人的生活方式。这里不是说要退化到采取纯"动物的生活方式"，而是说把人看成和动物一样就是相信神话，相信神话中的动物是真的，神话中的人比人的本身要强大得多。可以这么说，这种对神话的本质、生命的本质的新的看法是很激动人心的，它会使人心醉神迷，以为自己有强大的力量，能够融入宇宙中去。我们可以用道教的神话中对动物的说法，来证明萨满教义丰富的内涵，古时候的中国人对这是知道得很清楚的。忘记人和动物之间有什么界线和对他的本性错误的看法，让他去模仿动物的习性、它的行走和呼吸的方式和它的吼叫声等等，这样他就有了一种新的生活方式，因而获得了自由，干什么也都是自发的，习惯于宇宙活动的节奏，对它感到"亲近"，因此他就会有一种幸福感，他会长生不老。[1]

在长诗《我，雪豹……——献给乔治·夏勒》中，诗人—萨满、诗人—雪豹走在山坡上，他觉得在他的想象中，这是一个包罗

----

[1] 见米尔恰·伊利亚德：《西藏，中国和远东》，第453至455页。

万象的空间，有了光照，就有了美好的记载。这是宇宙的中心，在晴朗的夜晚，他来到了人和动物的世界里，成了把这两个大世界连在一起的纽带。诗人想到了天上的星星，想到了大自然中最微小的颗粒，对深处的黑暗、对虚无和寂静都有了感受，他想起了那些古代的人生活在大山之中，在极端困难的条件下靠狩猎为生，感到生存是那么"奇怪"：

> 我是另一种存在，常常看不见自己
>
> 除了在灰色的岩石上重返
>
> 最喜爱的还是，繁星点点的夜空
>
> 因为这无限的天际
>
> 像我美丽的身躯，幻化成的图案
>
>
> 为了证实自己的发现
>
> 轻轻地呼吸，我会从一千里之外
>
> 闻到草原花草的香甜
>
> 还能在瞬间，分辨出羚羊消失的方位
>
> 甚至有时候，能够准确预测
>
> 是谁的蹄印，落在了山涧的底部
>
>
> 我能听见微尘的声音
>
> 在它的核心，有巨石碎裂
>
> 还有若隐若现的银河
>
> 永不复返地熄灭

那千万个深不见底的黑洞

闪耀着未知的白昼

我能在睡梦中，进入濒临死亡的状态

那时候能看见，转世前的模样

为了减轻沉重的罪孽，我也曾经

把赎罪的钟声敲响

虽然我有九条命，但死亡的来临

也将同来世的新生一样正常……[1]

　　这是一个人的自我意识的表现，但也是人类从生到死要走的一条宽阔的道路，一个人要走的道路，也是亿万个星球运行的轨道。在这条道路上，一个彝族的猎人的灵魂没有重量，像山上纯净的空气一样，它自己也变得清澈透明了，它要飞向那银河的太空，它也会深藏在一道鸿沟里。这个彝人的意识也是一样的透明，看不见它的形体，但它跳动着野兽头脑中的脉搏，认识这个野兽的足迹，也能分辨它的气味，在长了刺的灌木丛中找到它的兽毛。这样在这个要偷偷地靠近野兽的猎人和想要逃跑的野兽之间就有一种先验的默契，这里要说明的是，这个追捕野兽的猎人也可能成为一个牺牲者，因为狩猎和新的生命的出现并没有很大的不同，这里的争斗的舞台是一个幻想的山中的空间，最漂亮的野兽，动物和人自由活动

----

[1] 引自吉狄马加的《我，雪豹……——献给乔治·夏勒》。译者注。

的地区，对他们和它们来说，那么多世纪的过往和一系列政治制度的变更都没有影响。那么多帝位的变更和王国的兴衰，还有现代国家的结构，许多党派的思想，一些很坏的政体的出现和消失都没有影响。但是在这些地方，却可以听到古代萨满教教义的述说，祖先在篝火旁单调的歌声，母亲在山坡上呼唤和雪豹在黄昏中的叫声，这不仅是那个时候的景象，而且显示了那宇宙永远不变的秩序：

> 但是我却相信，宇宙的秩序
>
> 并非来自于偶然和混乱
>
> 我与生俱来——
>
> 就和岩羊、赤狐、旱獭
>
> 有着千丝万缕的依存[1]

不管社会如何动荡，雪豹依然像多少世纪甚至一千年以前那样，平安无事地走在山间的小道上，可是在一些广场上，却很可耻地喊出了反对像马加敬重的大师艾青这样的知识分子的话语。野兽从山顶上往下看，闻到了大角野山羊、羚羊和人的血的气味。这是一个独立的存在，就是在宇宙最遥远的地区，那里的星星、银河也都是单独的存在，它们自生自灭，并不知道在宇宙别的地方还有那么多的令人神魂颠倒的事和悲剧的发生。诗人正是要深入地探讨生存的秘密，在一些极端的情况下去发现生存的秘密，当一只雪豹去向一只无辜的小鹿发动攻击的时候，一道闪电击中了一个走在一条小路上正要去村子里的女人，覆盖了冰层的岩壁轰的一声被炸毁

----

[1] 引自吉狄马加的《我，雪豹……——献给乔治·夏勒》。译者注。

了，散落在深渊里：

　　我不会写文字的诗
　　但我仍然会——用自己的脚趾
　　在这白雪皑皑的素笺上
　　为未来的子孙，留下
　　自己最后的遗言

　　我的一生，就如同我们所有的
　　先辈和前贤一样，熟悉并了解
　　雪域世界的一切，在这里
　　黎明的曙光，要远远比黄昏的落日
　　还要诱人，那完全是
　　因为白雪反光的作用
　　不是在每一个季节，我们都能
　　享受幸福的时光
　　或许，这就是命运和生活的无常
　　有时还会为获取生存的食物
　　被尖利的碎石划伤
　　但尽管如此，我欢乐的日子
　　还是要比悲伤的时日更多

　　我曾看见过许多壮丽的景象
　　可以说，是这个世界别的动物

当然也包括人类，闻所未闻

不是因为我的欲望所获

而是伟大的造物主对我的厚爱

在这雪山的最高处，我看见过

液态的时间，在蓝雪的光辉里消失

灿烂的星群，倾泻出芬芳的甘露

有一束光，那来自宇宙的纤维

是如何渐渐地落入了永恒的黑暗

是的，我还要告诉你一个秘密

我没有看见过地狱完整的模样

但我却找到了通往天堂的入口！[1]

时间流逝，像跳动起伏的意识流，在这首诗中，它要模仿那山中的流水，猛然从悬崖上落了下来，从山坡和巨大的岩石上流过，在远处带着地面上的云母、玄武岩和沙石一起流动。这是用来比喻一头野兽，它要追踪一只土拨鼠和小麂，正在集中注意力寻找它们的足迹，想要闻到这些动物身上皮毛的气味，然后它又往远处看，是否有活动的形体，当它找到了它们之后，便很令人震惊地变成了一个杀手，向它的牺牲者扑去，毫不留情地撕咬它们的皮肉，让它们鲜血四溅。在彝人的天地里，也有这种令人惊异的变化，本来是一个习性平和的农民，在山上很耐心地种植荞麦，可他却要追踪野

----

〔1〕 引自吉狄马加的《我，雪豹……——献给乔治·夏勒》。译者注。

兽的足迹，有好些天他一直在寻找一只雪豹，为了得到它美丽的皮毛和它的肉，他以非常凶残的手段把它杀了，马加在诗中描写了这种意识的流动，非常生动地展示这个场面：

追逐　离心力　失重　闪电　弧线

欲望的弓　切割的宝石　分裂的空气

重复的跳跃　气味的舌头　接纳的坚硬

奔跑的目标　颌骨的坡度　不相等的飞行

迟缓的光速　分解的摇曳　缺席的负重

撕咬　撕咬　血管的磷　齿唇的馈赠

呼吸的波浪　急遽地升起　强烈如初

捶打的舞蹈　临界死亡的牵引　抽空　抽空[1]

死亡在这里既是开头，也是结尾；既是布景，又是一场戏，它表示了对猎手的赞扬，也满足了那只机灵的猫科动物充饥的欲望。马加在他这部长诗中要表现的就是这两种意向，它们是互相补充的——一个人一定要懂得猛兽要吃杀的道理。他并不需要什么文化修养，也无须那些颂扬的歌声和高尚的爱的表白，他一定要——像远古的宗教仪式中显示的那样——把自己变成一只雪豹，而且他又一定要把这只雪豹杀掉，就像它咬杀了许多别的生灵那样。只有最高级的文化诗才能达到这个高度，才能这么震动人心地表现出那种泛神论的思想意识，生动地展示神话最美好的内涵，因为它从民间的歌谣和传说中吸取了营养。这里可以引一段克劳乌德·列维—斯

----

〔1〕 引自吉狄马加的《我，雪豹……——献给乔治·夏勒》。译者注。

特劳斯的话，来说明神话具有出奇的活力：

> 我们不能认为，神话在时间和空间上距离我们很远，但我
> 们只能利用它们那些老的版本。神话不是永远只有一个版本。
> 它每一次说出来或者读出来都有新的版本，因此神话的创作是
> 没有休止的。但是就像下象棋一样，一种说法或者说下法出来
> 之后，毫无疑问，对方就会考虑一种对付的办法。下到最后，
> 这个注定失败的一方，就不得不选择他最后能够走的几步了，
> 而那个将要取得胜利的一方甚至可以公开亮出他的下法，迫使
> 对方像跳舞一样，听他的指挥。

> 有的人说，为了达到这个目的，胜利者的一方就要认真地
> 研究制服对方的办法。可是神话却只有一种说法，几百年甚至
> 上千年都不变，现在要问的是，如果出现了一种合理的想法、
> 科学的方法和技术，能够揭示这个世界的奥秘，那么过去某些
> 陈旧的观念是不是就应当消除？难道神话出现的早期并没有失
> 去各种各样的说法？这个不能肯定，但至少没有这种表现。有
> 一些大师有丰富的现代知识，他们没有办法将他们的奇谈怪论
> 让我们这些无知的人理解，于是就出现了神话，这里的问题
> 是，他们的这种奇谈怪论是不是可以被看成神话？[1]

通过对狩猎、神话和宗教仪式的研究，在这里，这位毕摩诗人
曾无中生有地想出过许多新鲜的魔幻景象，然后以诗的描写将它们
展现出来，彝族人的手中有了他出版的诗集，对于这些景象就看得

----

[1] 克劳乌德·列维-斯特劳斯：《山猫的故事》，罗兹，1994年，第6页。

很清楚了。毫不奇怪的是，在最近一些年，出现了将他的诗译成许多外文大量出版的情况，因此他就成了中国最著名的当代诗人之一，而且也是我们这个地球最杰出的文化诗人之一，几乎所有具有不同文化和诗的传统的国家都对他表示理解和惊叹。他以开玩笑但也是符合情理的方式表示自己是雪豹的兄弟，也是一个诗人和牺牲者，因为现在在各种不同的宽阔的地域中，都有许多评论家在捕捉他：

> 这不是道别
>
> 原谅我！我永远不会离开这里
>
> 尽管这是最后的领地
>
> 我将离群索居，在人迹罕至的地方
>
>
> 不要再追杀我，我也是这个
>
> 星球世界，与你们的骨血
>
> 连在一起的同胞兄弟
>
> 让我在黑色的翅膀笼罩之前
>
> 忘记虐杀带来的恐惧
>
>
> 当我从祖先千年的记忆中醒来
>
> 神授的语言，将把我的双唇
>
> 变成道具，那父子连名的传统
>
> 在今天，已成为反对一切强权的武器

原谅我！我不需要廉价的同情

我的历史、价值体系以及独特的生活方式

是我在这个大千世界里

立足的根本所在，谁也不能代替！

不要把我的图片放在

众人都能看见的地方

我害怕，那些以保护的名义

对我们进行的看不见的追逐和同化！

原谅我！我不是道别

但是我相信，那最后的审判

绝不会遥遥无期……！[1]

---

〔1〕 引自吉狄马加的《我，雪豹……——献给乔治·夏勒》。译者注。

三　吉狄马加诗中的动物园

吉狄马加诗中的动物园和他在凉山的成长以及他的民族狩猎的习俗有密切的联系。他的父亲是个猎人，他的母亲具有毕摩的习性。他从他们那里听到过许多关于野兽和神奇的狩猎故事。我们不难想象，一个少年坐在一堆篝火旁，听到那些有经验的猎人的叙说，然后他又看见那些被杀死的野兽，触摸到了雪豹的皮和狼的皮毛，他想要懂得为什么一只被杀死的鹿的眼睛这么没有光彩，一首表示他看见了一个猎人的背影的诗说明了这一点：

> 我愿意看你的背
>
> 它在蓝蓝的空气里移动
>
> 像一块海岛一样的陆地
>
> 这是我童年阅读的一本地理
>
> 你扛着猎枪
>
> 我也扛着猎枪
>
> 看着你的背，我只想跟着你
>
> 径直往前走
>
> 寻找那个目的

你的背上有许多森林外的算术题

有的近似谜语，我和你

只相隔一段距离

猎枪是我的笔

猎物是我的纸

句号和逗号是击中猎物的枪子

可别人说我的背影

很像很像你的背影

这有什么奇怪

因为我是你的儿子

无论怎样，我只想跟着你

有时像虎，有时像狼，有时什么也不像

为了寻找那个目的，有一个傍晚

你终于倒在我身旁，整个躯体

像地震后的陆地

可别人说我的背影

很像很像你的背影

其实我只想跟着你

像森林忠实于土地

我憎恨

那来自黑夜的

后人对前人的叛逆〔1〕

毫无疑问，马加的诗充分地表现了他在青少年时代对于猎人的勇敢和机智的赞美，但这也深深地扎根于他的泛灵论的思想基础上。这位作家曾多次提到人的本性，指出了人的本性就是趋向于神秘化，要创造一个宗教的世界，一些像内维尔·德鲁里这样的萨满教的研究家认为在史前的人类就是这样：

> 可能在人类发展的早期，米安德里弗人〔2〕就相信，在这个世界上，动物、岩石和树都是有灵魂的，他会想到死后还有某种生活方式的存在，这里也有猎人。这种想法当然是很荒唐的，这说明了在旧石器时代的早期，人类就有魔幻的意识。〔3〕

和狩猎有关的魔幻意识和宗教仪式从那个时候开始，就以各种不同的形式出现，最后出现在彝族人这个最伟大的创作者的文化诗中，他把狩猎扩大到宇宙的范围，说它像老虎和狼，有时候什么也不像〔4〕，他的创作证明了德鲁里说明的那个真理：

> 从最古老的时候开始，宗教、艺术和魔法就是混在一起的，魔法师是野兽的统治者，他的一种狩猎的魔法能够掌握野兽的命运，他会很机灵地伪装成野兽，把他猎杀的野兽的尸体

----

〔1〕 见吉狄马加：《孩子和猎人的背》。译者注。
〔2〕 早期居住在加拿大米安德里弗河畔的人。译者注。
〔3〕 引自内维尔·德鲁里：《萨满教》，波兹南，1994年，第15页。
〔4〕 见吉狄马加的《孩子和猎人的背》中的诗句："我只想跟着你，有时像虎，有时像狼，有时什么也不像。"译者注。

堆放起来。他也能对它们进行模仿、跳舞，模仿它们的动作，在心理上和它们沟通，这样一个旧石器时代的猎人和魔法师就成了最典型的萨满教魔法师和他的野兽朋友、氏族图腾和信仰的先驱，他能够将自己的思想意识变成野兽的意识。[1]

这样看来，马加就成了在中国现代诗歌表现文化思想的先行者，他把他在这方面的认识都已经神圣化，表现在他的几十首诗歌和长诗中。在上面引的他的诗中，狼是一种很典型的野兽，泛神论和萨满教都把它看成是一种能起各种不同作用的野兽，常常表现为一个非常狡诈的骗子。虽然一些最大的猎户要搜捕它，整个部落都要消除它，但它就像克劳乌德·列维—斯特劳斯说的那样，总是能够逃脱猎人的追捕，它甚至可以把自己分成两个部分，藏在大山里隐蔽的地方。彝人察觉到它要临近的时候，就要保护自己的牲畜，但有时候，这种狼还是取得了胜利。诗人想要进一步了解这种野兽的习性，为什么在人类的历史上它总是能够取得胜利，于是他又再现了一系列别的野兽的形象，他要告诉人们，这种野兽的长生不老是因为它不断地和死亡有接触：

死亡像一只狼

狼的皮毛是灰色的

它跑到我的木门前

对着我嗥叫

时间一定是不早了

----

[1] 引自内维尔·德鲁里：《萨满教》，波兹南，1994 年，第 16 页。

只好对着熟睡的孙子

作一次快慰的微笑

然后我

走向呼唤我的大山

爬一座高高的乳房

当子夜时分叩响

潮湿的安魂曲

我在森林世界的

母腹里睡去[1]

　　一只狼跑到诗人的屋门前，这成了对他的死的提示，而这种死却总是窥视着活的生命，这些活的生命只有母亲的怀抱才是他们（它们）真正能够藏身的地方，他们（它们）要把自己关在一间小房子里，将自己秘密的内心和外部世界完全隔离。在这里，一个正在成长的少年听到了关于野兽的古老的故事：

（你属于森林

有一天却离开了森林）

在平原的尽头

外婆家那小小房屋

成了你新的天地

青蛙和老虎的故事

----

〔1〕 引自吉狄马加的《最后的传说》。译者注。

是你最爱听的[1]

老虎是亚洲最凶恶的动物，在乌拉尔和太平洋之间许多地方的神话和叙事诗中都有关于它的介绍，但总还是缺少对生活在地理环境、语言都与外界隔绝的民族的神话和叙事作品的研究。而这个独特的社会的文化经常被现代中国这个强有力的有机体和它对热火朝天的现代性的追逐所吞食了。遗憾的是，目前已有的研究著作只是注重对这个国家文化整体的综合性的论述，而没有反映这种文化的地方特色。这种情况在卡莉娜·雅任斯卡[2]的一部著作中是可以看到的：

> 在中国、日本和朝鲜，很难找到有什么叙事的长诗，特别是反映那里的民族同一性的作品。在中国的历史上，最有价值的是孔夫子的"五经"，其中包括《春秋》这样的编年史，记载了公元前八世纪至前五世纪发生的许多大事件，具有叙事的性质。此外还有《诗经》——中国最古老的抒情作品，反映了人民的传统习俗，对当时的统治者作出了思想道德的评价，同时对这个民族的同一性也作了重要的介绍。在中国的历史文献中，最有价值的有四部长篇小说，其中以《三国演义》为主，它是十四世纪的作家罗贯中写的一部历史小说，小说以民间传说和史书为依据，反映了公元三世纪魏、蜀、吴这三个中国的王国之间的斗争，它到现在依然受到很大的欢迎，而且在

----

[1] 引自吉狄马加的《孩子与森林——一个彝人母亲的歌谣》。译者注。
[2] 波兰当代汉学家。译者注。

当今的中国，还产生了许多取材于这部小说的其他的艺术作品（包括根据它创作的电视剧）。第一部来自民间的长篇叙事诗产生于汉朝（前206—220）末年，叫《孔雀东南飞》，但它在后来的世纪中，没有受到很大的欢迎。[1]

遗憾的是，我们只有像这样的对中国的叙事作品所作的一般性的介绍。虽然对神话的研究的情况稍好一点，但我们一直缺乏对于诺苏人的传说和神话进行全面的研究和介绍的著作，而只能从一篇篇的学术论文和吉狄马加的诗中，对这个民族的民间传说和野兽在其中所起的作用有一些点滴的了解。我们知道，彝人给自己的孩子，是用豹子和老虎来取名的：

> 我不知道，
> 是1643年的冬天，
> 还是1810年彝族过年的日子。
>
> 总之，实际上，
> 老人们都这样说。
>
> 在吉勒布特，
> 那是一场罕见的大雪，
> 整整下了一天一夜。

----

[1] 见卡莉娜·雅任斯卡：《远东的叙事作品》，华沙，2011年，第231、232页。

住在这里的一家人，

有十三个身强力壮的儿子，

他们骄傲的父母，

都用老虎和豹子

来为他们的后代命名。[1]

取名就像人的意识一样，从一开始就有的，一个人在他一生经历的早期，首先要找到能够说明他所在的这个部落的其他成员的特色的名称，此外他也会对他的周围环境取名，而且要突出他周围的群山、河流和湖泊的名称。在取这些名字的时候，野兽的名字是可以借用的，因为人都相信，给某个人取雪豹、旱獭或者老虎的名字，会给予他这些动物的神奇般的力量。在这里最主要是萨满教祭司，他们能对一些父母亲示意，要给孩子取一个什么名字。德鲁里在这里说明了一个中国云南的萨满教祭司还能起别的作用：

云南南部的诺苏人也认为，过去，人们来回于天地之间更加自由。这个民族的萨满祭司也主持葬礼，他们"架起了通到天上的桥梁"，帮助一个死人在山和河中找到去思想之树和别的死后的境界的道路。由于中国魔法的影响，云南的萨满教祭司也要骑在马上，去作寻访的旅游，要找到那个失踪的灵魂。[2]

这种追赶是一种精神上的狩猎，马加说，他的民族的猎人没有

---

[1] 引自吉狄马加的《诗人的结局》。译者注。
[2] 见内维尔·德鲁里的《东亚和近东》，第41页。

竞争的对手，在他的《獐哨》这一首诗中我们看到一种狩猎的方法，就是利用雄性动物对雌性动物可能有的性的吸引去捕杀它：学母獐的声音，公獐将向我走来，死亡就在这个时候降临了。作为一个猎户的诗人也把自己装成一只母獐：

> 我用全部的勇气吹响獐哨
>
> 吹出母獐的声音
>
> 我的肺是浓缩的海洋
>
> 一个鼻管是长江
>
> 还有一个鼻管是黄河
>
> 哨音起伏像黄昏时的波浪
>
> 掀起好些看不见的
>
> 属于母性的阳光
>
> 气体是金黄色金黄色的
>
> 悄然浮动，那么长长的绵绵的
>
> 这样温情纤细的诗行
>
> 它好像神秘地嫁给了
>
> 那柔软的光
>
> 要不就穿上了一件
>
> 雄性能用皮肤
>
> 去感觉的
>
> 如水的衣裳
>
> 但我永远明白
>
> 我是一个男性的吹哨人

每一片树叶都在为我降落伪装

我像一次误了时的约会那样等待

连焦急也变得神圣

猎枪却默默地长长地伸着

瞄向那只迟迟赶来的公獐

让它走在欺骗的身旁

于是我扣动扳机

公獐迎接了最后的死亡[1]

这首诗表面上说的是高明的狩猎技巧，实际上反映了一种生活中的敏感，诗的敏感，总是要把自己的身子藏起来，为了找到更漂亮的"动物作比喻"，取一个更机灵的"狍子和獐子"的外号：

在秋天黄昏后的寂静里

他化成一块土地仰卧着

缓缓地伸开了四肢

太阳把最后那一吻

燃烧在古铜色的肌肤上

一群太阳鸟开始齐步

在他睫毛上自由地舞蹈

当风把那沉重的月亮摇响

耳环便挂在树梢的最高处

土地的每一个毛孔里

----

[1] 引自吉狄马加的《獐哨——一个猎人的话》。译者注。

都落满了对天空的幻想

两个高山湖用多情的泪

注入双眼无名的潮湿

是麂子从这土地上走过

四只脚踏出了有韵的节奏

合上了那来自心脏的脉搏

头发是一片神秘的森林

鼻孔是幽深幽深的岩洞

野鸡在耳朵里反复唱歌

在上唇和下唇的距离之间

虎跳过了那个颤动的峡谷

有许多复杂的气味在躯体上消融[1]

　　波兰浪漫主义诗人尤利乌什·斯沃瓦茨基在他的长诗《毒蛇》[2] 中描写了一种赛加羚羊，这是一种很漂亮的羚羊，也是一种牛科动物，曾经分布在波多内[3]。中国的这位诺苏诗人以奇特的手法把它和麂子这种鹿科动物联系起来，中国的麂子的体形有九十五厘米那么长，重十到十八公斤。成年的雄麂子有长约十厘米不太分支的角和长得很大的上獠牙，当雄性的麂子准备战斗的时候，

- -

〔1〕　引自吉狄马加的《秋天的肖像》。译者注。
〔2〕　见尤利乌什·斯沃瓦茨基（1798—1848）：《毒蛇，第一首歌：赛加羚羊》。
〔3〕　这个地区在乌克兰。译者注。

它就会发出近于吠叫的声音，因此它也称吠叫的鹿。这种动物在中国是少见的，它总是采取一种孤独的生活方式，在马加的诗中，可以说用了轻浮和反复无常这样的词来形容它，这种野兽长得漂亮的也不多，但是能够捕获它就像朗诵一首古代的史诗或者创作了一首伟大的长诗一样，是一个很大的收获。诗人要给欧洲人介绍这种动物的习性，它的步伐的节奏和诗中写的另外一个个体的节奏是一致的，此外我们还能看到像羚羊、斑马、野牛，还有狮子这样一些非洲的野兽在他的诗中令人惊异地出现〔1〕。如果一个猎人总是非常小心，诗人也和这个猎人一样，那他们就会一同进入到山羊、小鹿和豹子的这个奇特的世界，去探讨这种原始的奥秘：

> 把自己的脚步放轻
>
> 穿过自由的森林
>
> 让我们同野兽一道行进
>
> 让我们陷入最初的神秘
>
> 不要惊动它们
>
> 那些岩羊、獐子和花豹

----

〔1〕 请看吉狄马加的《有人问……》：
　　　有人问在非洲的草原上
　　　是谁在控制羚羊的数量
　　　同样他们也问
　　　斑马和野牛虽然繁殖太快
　　　为什么没有成为另一种灾难
　　　据说这是狮子和食肉动物们的捕杀
　　　它们维系了这个王国的平衡
　　　难怪有诗人问这个世界将被谁毁灭

它们是白雾忠实的儿子
伴着微光悄悄地隐去

不要打扰永恒的平静
在这里到处都是神灵的气息
死了的先辈正从四面走来
他们惧怕一切不熟悉的阴影
把脚步放轻，还要放轻
尽管命运的目光已经爬满了绿叶
往往在这样异常沉寂的时候
我们会听见来自另一个世界的声音〔1〕

〔1〕 吉狄马加：《故土的神灵》。译者注。

四　太阳鸟，北京人和长了毛的文化骗子

吉狄马加诗中对鸟的描写开始于非常漂亮的太阳鸟，在上面引过的《秋天的肖像》中，诗人写道：

> 太阳把最后那一吻
>
> 燃烧在古铜色的肌肤上
>
> 一群太阳鸟开始齐步
>
> 在他睫毛上自由地舞蹈

太阳鸟又叫花蜜鸟，这是一种雀类的鸟，大部分在非洲，也有几种在亚洲的南部可以见到，是一种小鸟。雄鸟和雌鸟的形状完全不一样，雄性的太阳鸟全身有各种不同的颜色，常常是闪光的，它主要食花蜜，有时候，特别是在它能够定居的季节，它就会捕捉一些虫蚁为食。非洲太阳鸟的生态和美洲的蜂鸟一样，因为它们是同一种类型动物进化的结果，属于同一种鸟类，相互之间有血亲关系，无论是外形还是它们的动作都很相像。大部分的太阳鸟都有本领悬在空中不动，蜂鸟也能这样，但它们却很少这样，而更喜欢坐在树枝上采花蜜。它们显著的特征是嘴巴很长，是歪的，爪子常常

是黑的。太阳鸟在吉狄马加的诗中有一身奇怪的打扮，它象征中国大自然的产物，具有细嫩、清秀，可又显得脆弱的特色。约翰·麦金农指出，在中国有一千三百种鸟，其中有许多也只有这个国家才有，有许多是可以做样品的，这里肯定还有雄性的太阳鸟，在植物生长十分稠密的地方会显示不同色彩的对照。诗人是在天黑的时候看见了这种鸟，因为这里有他看见的天上的月亮，大自然快要封闭，夜的黑幕就要降落，这也是一个富于幻想的时刻，它告诉他，在这之前，从一开始，宇宙世界的秩序就已经形成了：

> 我说不出所有
>
> 动物和植物的名字
>
> 但这却是一个圆形的世界
>
> 我不知道关于生命的天平
>
> 应该是，更靠左边一点
>
> 还是更靠右边一点，我只是
>
> 一只雪豹，尤其无法回答
>
> 这个生命与另一个生命的关系
>
> 但是我却相信，宇宙的秩序
>
> 并非来自于偶然和混乱
>
> 我与生俱来——
>
> 就和岩羊、赤狐、旱獭
>
> 有着千丝万缕的依存[1]

----

[1] 引自吉狄马加的《我，雪豹……——献给乔治·夏勒》。译者注。

太阳鸟和人以及像豹子、狐狸这样的有蹄类野兽和像短耳羚羊和旱獭这些在山里具有代表性的动物都生活在同一个空间。人要依赖动物，找到动物在极端的条件下和几乎所有大陆的空间里都能够坚持的行动的准则。同时人也可以从动物身上看到美丽的色彩，学会它们的发声，还有一些野兽敏锐的视觉对空间的探测也可以利用。在马加的一首诗中，就说明了中国的夜莺鸟在生与死的宇宙秩序中是如何生存的：

> 我看见他们从远方走来
>
> 头上是一颗古老的太阳
>
> 不知还有没有黄昏星
>
> 因为有一个老人在黄昏时火葬了
>
> 这时只有那荒原上
>
> 还有一群怀孕的女人
>
> 在为一个人的诞生而歌唱
>
> 当星星降落到
>
> 所有微笑的峭壁上
>
> 永恒的黄昏星还在那里闪耀
>
> 有一天当一支摇篮曲
>
> 真的变成了相思鸟[1]
>
> 一个古老的民族啊

----

[1] 本书作者认为夜莺是一种相思鸟，他在这里把诗的原文中的相思鸟也翻译成波兰文的夜莺鸟。译者注。

还会不会就这样

永远充满玫瑰色的幻想

尽管有一只鹰

在雷电过后

只留下滴血的翅膀[1]

这种鸟也被用来形容一个嘴巴也是黄色或者红色的北京人，经常是把它养在笼子里，可以听到它非常美妙的歌声[2]。它在1866年第一次来到欧洲，人们把它放在伦敦的动物园里。上面引的这首诗中的这种鸟就是在为一个死去的老人举行火葬以及和这相应的阳光的熄灭和天上的星星闪现的一个夜晚，唱起了它的相思曲，反映了这里悲凉的气氛。远东世界末日论的哲学思想意识在这里起很大的作用，它植根于那里很多世纪的诗歌创作中，特别是在像陶渊明、王维、李白或者杜甫还有现代诗人北岛的抒情作品中。马加就像英国诗人约翰·济慈那样[3]，听到了中国大自然发出的最美的声音之一，这种声音给他造成了一种怡然自得的但又感到忧郁的诗的氛围，马加诗中对鸟的研究有很多尺度和空间，从神话的深层开

---

〔1〕 引自吉狄马加的《一支迁徙的部落》。译者注。

〔2〕 夜莺在文学作品中指歌鸲，是一种叫声清脆婉转的鸟。译者注。

〔3〕 这里值得一提的是，在1819年，英国浪漫主义诗人约翰·济慈（1795—1821）写了令人惊叹的《夜莺颂》，在这首诗中，他说明了在这种鸟的歌声中反映了对一个人的创造和在宇宙中的存在的认识。这个浪漫主义者看到了世界的美，但也因为自己对一切都过于敏感，有一种说不出的痛苦，想要自己毁掉自己。济慈的这首诗是一个人不管在什么时候能够创作出的最美的抒情诗之一，它是一种最纯洁的美的表达，是浪漫主义的声音，也是敏感和总是要证明自己的敏感性的表达，吉狄马加也是这样。

始，包括对彝人的民间创作、宗教信仰和动物的分类的研究，一直到象征主义的表达，远远地超出了中国的国境。在这种情况下，诗人把他的注意力集中在南美洲的灾祸神话和这些地方的民间传说中叙说的一种很重要的鸟的身上，例如在他的《孔多尔神鹰[1]》中写道：

> 在科尔卡峡谷的空中
>
> 飞翔似乎将灵魂变重
>
> 因为只有在这样的高度
>
> 才能看清大地的伤口
>
> 你从诞生就在时间上
>
> 当空气被坚硬的翅膀划破
>
> 没有血滴，只有羽毛的虚无
>
> 把词语抛进深渊
>
> 你是光和太阳的使者
>
> 把颂辞和祖先的呓语
>
> 送到每一位占卜者的齿间
>
> 或许这绵绵的群山
>
> 自古以来就是你神圣的领地
>
> 你见证过屠杀、阴谋和迫害

----

[1] 孔多尔神鹰：安第斯山脉中最著名的巨型神鹰，被印第安人所敬畏和崇尚。

你是苦难中的记忆，那俯瞰

　　只能是一个种族的化身

　　至高无上的首领，印第安人的守护神

　　因为你的存在，在火焰和黑暗的深处

　　不幸多舛的命运才会在瞬间消失！

　　这种孔多尔既具有鸟的特性，又像诗人一样，能观察世界，指出世界现实的特点。作为一个敏锐的观察家，它要巡视大片的空间。同时它也是一只很神秘的鸟，能参加诸神和吸血鬼们举行的宴会。马加很明显欣赏它就像天神一样，能够从高空俯视那些山坡和狭谷，因为他自己对这也不止一次有过很多的体会，当他坐飞机，到远地去旅游，一定会看到很多东西，会把它们写在上面引的诗中。但他有一种想法，认为孔多尔是一个文化骗子，样子像鬼怪，并不懂得一个人和他饲养的牲畜生活在一起对双方都有利。这种鸟被认为是神灵的化身，曾使动物的群体大大地减少，人们也对它进行了有效的防范：

　　孔多尔凭自己的视线，而不是人们所说的嗅觉，就能找到食物，它吃的是自然死亡或者被美洲狮咬死了的大洋蛇的肉，并不忌讳这是另外一种动物的尸体。在一些人们都饲养绵羊和山羊的地区，这种神鹰是牧人最害怕的，因为它经常捕捉很小的羊羔，所以饲养者要和它进行顽强的斗争。在这种情况下，最好的办法是，猎人把一具骷髅放在一个狭窄的过道里，当孔多尔鸟被这种东西诱惑，来找它的时候，猎人可以站在一个高一点的地方向它发动攻击，将它射杀，因为它在这里没有足够的空间能够逃跑，在地上也飞不起来。猎人有时候也知道这种鸟夜晚栖息在一棵什么树上，在晚上爬到这棵树上，便用一根绳索结成的圈套将它套了起来，因为这种鸟到晚上睡得很死，容易捕获。孔多尔鸟都栖息在厄瓜多尔的安多夫、秘鲁和智利，一直到里奥内格罗〔1〕。雌孔多尔鸟可以产两个白色的大蛋，总是把它放在高耸的悬崖上。人们都说，孔多尔幼鸟不到一岁不会飞。雄孔多尔头顶上盖着一块暗红色像梳子样的东西，周围的鸟皮裸露，也呈暗红色，颈子下面有一圈白色的羽毛，和它身上其他地方闪光的黑色的羽毛完全不一样。〔2〕

马加的诗反映了他对世界和人们的深入了解和对佛教哲学和远东的宗教教义的认识，此外他的诗中还表现了他对萨满教义一种直觉的认识和对一些动物的种类和习性的了解，而且是中国和亚洲范围之外的动物。他打开自己的国门，为世界写诗，趁此机会，他也认知了许多国外的诗学理论、独特的诗歌创作和对抒情作品的理解，就像一只贪食的海绵一样，要把这一切都吞食下去，然后根据

---

〔1〕 地名，在巴西。译者注。

〔2〕 见 J. P. 科尔尼希：《鸟、爬行动物、鱼》第二卷，华沙，1911年，第81页。

需要创作出具有复调和声〔1〕和不难理解的白话诗，表示对他的民族的尊重，其中也反映世界现代诗歌的思想深度和轻柔的节奏。诗人对动物学、鸟类学、鱼类学，还有树木学、植物区系学或矿物学都进行了研究，并将它们作了比较，这也为他的创作提供了素材，起了某种促进的作用，但这不是说他要将以上学科的知识直接输送到他的诗歌创作中去，而是要通过对这一切的了解，在十年这么长的时间内，使他的思想得到升华。到 2021 年，他就六十岁了，因此诗人的状况可以和约翰·福尔斯〔2〕对他自己的描写进行比较：

> 虽然我一辈子都称自己是一个自然科学家，但我实际上只
> 是一个自然科学的爱好者。我如果真的是一个科学家，今天也

----

〔1〕 这是波兰著名美学家和文学理论家罗曼·英加登（1893—1970）在他的《论文学作品》中提出的一个观点，他认为"文学的艺术作品是一种层次的造体。这是说文学作品的'材料'，是由许多不同类型的因素——'层次'组成的。它的特殊属性的作用使它具有审美价值质。每个层次的材料都是构建这些特殊审美价值质的基础，而审美价值质又和这些材料的类型是对应的。这样的结果，至少在对真正属于每个层次的那些价值的每一次选择中，会产生一些更高级的综合性的审美价值质。更高级的综合则产生于对这些价值成分的多层次的选择。换句话说，在文学的艺术作品中，由于'材料'的多层次性，便产生了各种不同类型的审美价值质的一种非常奇怪的复调。属于不同类型的价值质相互之间并不陌生，也不是毫无关系，而是有着许多许多的联系。在这种情况下，便产生了许多完全是新的综合、尽可能以多种形式出现的和谐和不和谐。每种形式的和谐的基础都有一些导致综合造体产生的因素，这些综合的造体在综合因素之外不会消失。它们是感觉得到和看得见的。这个整体便形成了一复调。"因此这种复调和声是作品中一种综合的价值质，它使文学作品中所有层次的审美价值质形成一个有机的整体。这是英加登关于文学作品的本质结构的一个全新的观点。译者注。

〔2〕 约翰·福尔斯（1926—2005），英国作家。译者注。

没有装出一个科学家的样子，但我肯定也不会认为自己首先是一个作家。对我来说，文学是以诗歌、戏剧和小说的形式教育人们，而不是以严肃的科学论述来说明现实。我觉得我很像一条机灵的章鱼，以人的观点来看，它只有感觉。[1]

重要的是要懂得宇宙现象出现的内情和人们对于未来的想象，表现出诺苏人最优秀的代表和最著名的英雄们所表现的近于斯多葛派的精神[2]。大卫·贝尔林斯基在谈到科学家们如何获得全面的知识时说得很对：

> 知道一切就是说对整个宇宙的认识不会有什么料想不到之处。宇宙中的事物的出现过去没有，现在不是将来也不会料想不到。简单地说，只要在现实中能见到的，就一定会出现在人的思想和理智中。宇宙就像一大块冰样冻结了，它很寒冷，但很明亮，是可以接近的，它永远是这样。人们想到将来要发生的事，他们花了很多时间，在空间转移，到过地球上各种不同的地方，但是如果没有一个永远不变的地方，就不会发生什么事件。有什么能够存在，它就在这里。永远在这里，时间没有意义，它会消失。[3]

----

〔1〕 约翰·福尔斯：《大自然的本性》，波兹南，2002年，第491页。
〔2〕 斯多葛派：古希腊后期产生的哲学学派，认为宇宙的基本元素是火，人应顺应自然而生活，曾提出形式逻辑的有关命题，注重研究伦理学，讨论人死后灵魂是否存在的问题。译者注。
〔3〕 大卫·贝尔林斯基：《论占星术和预测天空的秘密的办法》，克拉科夫，2005年，第250页。

诗人也有这个思想，特别是他对爱因斯坦的相对论有认识，在他的诗中提到了它[1]，懂得我——就像贝尔林斯基说的那样——要说的是，宇宙中所有的一切都决定于运动。

大家都认为，爱因斯坦的相对论证明了这一点，我们可以想象，有一群观察家散布于宇宙各方，每一个都可以把自己生活中发生的事排成一条直线，最后每个人都会认为，他的生命存在于从过去到现在，再到将来处于动向的每一个时刻。这就是我们所见到的事物，现在事实上就是现在，难道不是？正是现在。

最后又发现，不是这样。与此同时，又出现了相对论，看这些观察家是不是很快地采取了行动，如果快慢不一样，那么这个行动快捷的就会说他的现在是另外一个观察家的过去和未来。

这样就会出这样一种情况，有什么出现在一个观察家面前，它在另一个观察家面前不是出现过，就是以后才会出现。但是要说已经发生过的是不是以后还会发生，这就不清楚了。如果我们不说宇宙的大小，而说时间，时间是一种量度，给发生的事件说明它发生的顺序，如果事件没有变化，也没有它发生的顺序，在这种情况下，时间是没有意义的。[2]

----

[1] 诗人在他的《回望二十世纪》这一首诗中，提到了爱因斯坦的相对论。译者注。
[2] 大卫·贝尔林斯基：《论占星术和预测天空的秘密的办法》，克拉科夫，2005年，第250、251页。

这位中国的诗人是爱因斯坦这样的大人物和毕摩祭司中的一个，他承认，未来是一种幻想，一个人如果看到了他的一生，他会认为——像卡瓦佛斯说的那样——所有的一切都会在他的一生消失，都会在以后消失：

当我独自站在山巅

在目光所及之地

白雪一片清澈

所有的生命都沐浴在纯净的

祥和的光里。远方的鹰

最初还能看见，在无际的边缘

只剩下一个小点，但是，还是同往常一样

在蓝色的深处，消失得无影无踪[1]

鹰在中国的神话中没有仙鹤和野鸡那样一种象征的意义，但是兽形说[2]中，经常出现它那富于神话色彩的形象，在生活在山区的彝族人那里有更大的影响，因此在彝族的故事中，我们可以找到许多关于它的说法。这也间接地说明了为什么它会多次出现在马加的诗中，并且和雪豹或者白虎是对等的。有时候它就是一尊神，在高处往下巡视人和动物的足迹：

那是神鹰的眼睛

不，或许只有上帝

----

〔1〕 引自吉狄马加的《我，雪豹……——献给乔治·夏勒》。译者注。

〔2〕 一种宗教观念把兽类的形状或属性看作神的表现。译者注。

才能从高处看见，这金色的原野上

无数的生命被抽象后

所形成的斑斓的符号

遥远的迁徙已经停止

牛犊在倾听小草的歌唱

一只蚂蚁缓慢地移动

牵引着一丝来自天宇的光[1]

在云层里飞的鹰和在地上高兴地听到小草茎秆生长的丝丝响声的山羊之间有一片空间，诗人在这里充分地表现了他热爱家乡的土地和整个中国的情感，这是他伟大的亘古长存的母亲。他的鹰也是像支格阿鲁——出现在诺苏人的史诗中的鹰的儿子——这样的伟大的神话中的英雄的祖先。这种文学中的顿呼就像对古老的宇宙起源的论述一样：

伟大的父亲，鹰的血滴——

倾听大地苍茫消隐的呓语，

在你绝对的疆域，梦一次又一次地来临。[2]

马加总是记得父亲早就对他说过，鹰是怎么飞向伟大的远方的：

父亲说，是雄鹰的翅膀！

那是我胸前的英雄绶带——

----

[1]　引自吉狄马加的《雪的反光和天堂的颜色》。译者注。

[2]　引自吉狄马加的《支格阿鲁》。译者注。

母亲说，预言了你的明天和未来![1]

他那个部落里的人——上面已经说过——总是用那些勇敢的野
兽的名字来为出生的孩子取名，预言和咒语在这里也很重要。毫不
奇怪的是，诗人是那么喜欢彝人用死了的鹰爪做的酒杯：

把你放在唇边

我嗅到了鹰的血腥

我感到了鹰的呼吸

把你放在耳边

我听到了风的声响

我听到了云的歌唱

把你放在枕边

我梦见了自由的天空

我梦见了飞翔的翅膀[2]

鹰的机智和力量和酒——像狭谷里的一只鸟的影子一样——都
进入到了诗人的头脑中和体内，能够实现他父亲的预言。这里也造
成了一种明显的气氛，因为鹰在这里象征阳光，象征明亮，在远处
也可以很清楚地看见它，如果它站在山顶上，就会显示出这是一只
很大的猛禽。毫不奇怪的是，参加象征性的鹰的葬礼会让人们知
道，什么是粉身碎骨和虚无，这也给他们指出了他们要走的和这同

----

〔1〕 引自吉狄马加：《穿过时间的河流》。译者注。
〔2〕 见吉狄马加：《鹰爪杯》：不知什么时候，那只鹰死了，彝人用它的脚爪，
做起了酒杯——题记。译者注。

样的路：

> 谁见过鹰的葬礼
>
> 在那绝壁上，或是
>
> 万丈瀑布的高空
>
> 宿命的铁锤
>
> 唯一的仪式
>
> 把钉子送上了穹顶
>
> 鹰的死亡，是粉碎的灿烂
>
> 是虚无给天空的
>
> 最沉重的一击！没有
>
> 送行者，只有太阳的
>
> 使臣，打开了所有的窗户……[1]

人类每天都会见到太阳光，每天也会在黑夜降临的时候和世界告别，坐在篝火旁，注视着火焰，讲故事，创造人类远古关于太阳神和月亮神[2]斗争的神话。

神话开始出现的时候只有一种特性，白天和黑夜是混同的，天和地之间有联系，神在人中间，人也在神中间，神、人和动物没有明显的区别。太阳和月亮是很亲近的兄弟，相互之间没法区分，可又不停地争斗。太阳离地球太近，使那里干

----

[1] 见吉狄马加：《鹰的葬礼》。译者注。

[2] 在东方、南美洲，和在欧洲的青铜时代和铁器时代的早期，人们对于太阳和月亮的崇拜，尊太阳和月亮为神。译者注。

旱，炎热，无法生存。

　　神话一开始——第一眼看去——并不接触任何现实的东西，很明显，这里是指没有区别……白昼和黑夜混在一起，说明没有太阳，所有的一切都要灭亡。如果是另外一种情况，太阳离地球太近，也无法生存。神话被认为是它"发现了死亡"，虽然它在现实中没有发现什么，但它却将生和死明确地区分开了，因为最初，生和死是一样的，像我说过的那样，没有死就没有生。[1]

这是诺苏人的传说和神话中说的情况，也反映在吉狄马加的诗中，不管是前者或后者，都说明了生和死很明显是要区分的。鹰的象征性的光照亮了始祖鸟解体的过程，让它们进入了另一个空间，在神话中，它们都和神明和英雄人物相遇了。诗人很尊重读者，为他们总结了他的这个民族许多代人的生活经验，认为这个民族是在远东的大自然的元素中能够保持一种很明智的生存状态的典范，和别的地区的人和动物也有一种很奇怪的默契。他的诗高明之处在于向西方广泛和深入地介绍了东方的聪明才智，这种聪明才智表现在印度的宗教、佛教、喇嘛教、道教和日本的佛教信仰或者部落的宗教信仰中，这都是那些被神明选中的民族的宗教信仰，他们的主要代表是那些猎人、毕摩和苏尼，也有普通的庄稼人，习性温顺的彝族牧女和织女，他们在火把节的时候，聚集在大的篝火旁，想着那宇宙原始的真实情况，是这么具体地反映在他们的民族最伟大的诗

---

〔1〕　R.吉拉尔德：《什么是神话?》，罗兹，1991年，第48、49页。

人的诗中。他们也感觉到了天体演化脉搏的跳动，相信他们的周围
都是他们的祖先和那些过去被捕杀的野兽，他们听到了关于时间的
入口的故事，准备参加自己的过渡仪式：

有诗人写过这样的诗句：

——时间开始了！

其实时间从未有过开始，

当然也从未有过结束。

因为时间的铁锤，无论

在宇宙深邃隐秘的穹顶，

还是在一粒微尘的心脏，

它的手臂，都在不停地摆动，

它永不疲倦，那精准的节奏，

敲击着未来巨大的鼓面。

时间就矗立我们的面前，

或许它已经站在了头顶，

尽管无色、无味、无形，

可我们仍然能听见它的回声。

那持续不断地每一次敲击，

都涌动着恒久未知的光芒。

时间不是一条线性的针孔，

它如果是——也只能是

一片没有边际悬浮的大海。

有时候，时间是坚硬的，

就好像那发着亮光的金属，

因此——我们才执着地相信，

只有时间，也只能是时间，

才能为一切不朽的事物命名。

有时候，时间也是柔软的，

那三色的马鞍，等待着骑手，

可它选择的方向和速度，

却谁也无法将它改变。

但是今天，作为一个诗人，

我要告诉你们，时间的入口

已经被打开，那灿烂的星群

就闪烁在辽阔无垠的天际。

虽然我们掌握不了时间的命运，

也不可能让它放慢向前的步伐，

但我们却能爬上时间的阶梯，

站在人类新世纪高塔的顶部，

像一只真正醒来吼叫的雄狮，

以风的姿态抖动红色的鬃毛。

虽然我们不能垄断时间，

就如同阳光和自由的空气，

它既属于我们，又属于

这个星球上所有的生命。

我们知道时间的珍贵，

那是因为我们浪费过时间，

那是因为我们曾经——

错失过时间给我们的机遇，

所以我们才这样告诉自己，

也告诉别人：时间就是生命。

对于时间，我们就是骑手，

我们只能勇敢地骑上马背，

与时间赛跑，在这个需要

英雄的时代，我们就是英雄。

时间的入口已经被打开，

东方这片古老土地上的子孙，

已经列队集合在了一起。

是的，我们将再一次出发，

迎风飘动着的，仍然是那面旗帜，

它经历过血与火的洗礼，

但留在上面的弹孔，直到今天

都像沉默的眼睛，在审视着

旗帜下的每一个灵魂。

如果这面旗帜改变了颜色，

或者它在我们的手中坠落在地，

那都将是无法原谅的罪过。

我们将再次出发，一个

创造过奇迹的巨人，必将在

世界的注目中再次成为奇迹。

因为我们今天进行的创造，

是前人从未从事过的事业，

我们的胜利，就是人类的胜利，

我们的梦想，并非乌托邦的

想象，它必将引领我们——

最终进入那光辉的城池。

我们将再次出发，吹号者

就站在这个队伍的最前列，

吹号者眺望着未来，自信的目光

越过了群山、森林、河流和大地，

他激越的吹奏将感动每一个心灵。

他用坚定的意志、勇气和思想，

向一个穿越了五千年文明的民族，

吹响了前进的号角，吹响了

——前进的号角！〔1〕

---

〔1〕 见吉狄马加：《时间的入口》。译者注。

我梦见过黑色

我梦见过黑色的披毡被人高高地扬起

黑色的祭品独自走向祖先的魂灵

黑色的英雄结上爬满了不落的星

但我不会不知道

这个甜蜜而又悲哀的种族

从什么时候起就自称为诺苏

　　　　　　　——吉狄马加《彝人梦见的颜色
——关于一个民族最常使用的三种颜色的印象》

第四章

天空的颜色的秘密
吉狄马加诗中的
颜色的哲学
和大自然美学

一　从原始的体验到色彩的奥秘

在吉狄马加的诗中，对颜色和中国画的阐释占有很大的分量，当然也会联系到别的大陆的伟大艺术。作为诺苏人的代表，当他还很年轻的时候，就学会了尊重色彩，接触了神奇的大自然，见到了自己部落男女标准的服饰，这种服装主要有黑色、红色、黄色、蓝色和白色，还有许多大小不同的银制的服饰也很有价值。中国的大自然特别是在这些有山的地区有许多独特的自然景象：天空中的雾霭、河水和湖水上的金色的光照，秋天里呈黄铜色的丘陵和谷地，白色明亮的山坡和峰顶，黑色岩壁的废墟和在清晨及太阳落山时大片彩色的光照等。因此在这样一个伟大的充满了幻想的国度里，很早很早以前，就出现了很多有才能的艺术家，这是毫不奇怪的。这些艺术家在他们的身后，留下了许多非常美好的图画、壁画、陶瓷、青铜器和经过他们非常漂亮地涂了色的宗教建筑物和最大的宫殿。虽然我们这里有数不清的宝贝，但是对于远东这么众多和复杂的超凡之物却没有一个全面的介绍，对于这种情况出现的原因琼·A.凯姆是这么说的：

> 中国绘画史还没有写出来。在中国，它已经写了许多世

纪，但是每个时代都有它的写法。日本人也有他们的写法，他们根据他们收集到的艺术品，表现了自己的看法。西方的学者们对于这种他们知道得很少的艺术，还在考虑采取什么研究的方法。这是一个很难解决的问题，因为那些亚洲私人收藏的艺术品是不愿意拿出来的，而被认为有价值的作品都散布在整个中国、日本和美国。对那些经过非常小心经常是好几代艺术家以最美妙的办法复制的图画是否真伪的争议也不少见。[1]

欧洲人通常有一种不实际的想法，以为中国的艺术是一个整体，他们并没有想到这种艺术的出现经历了那么长时间的跨度，占有那么大的空间。没有很大的必要去进一步地研究那些艺术家的出身，因为我们要知道，他们都是来自五十多个民族这么一个大的民族混合体。只有对一系列的朝代进行了长时期的研究和详细的了解，才能对美丽的中国艺术的独特性有某种想象。凯姆很正确地指出过有这么一种独特的幻想，他说：

> 欧洲认为中国艺术有一个统一体，这是一种幻想。我们第一次看见中国画，可能真的感到很陌生，但从它们独特的绘画技巧和专有的题材来看，它们彼此间又是差不多的。但情况说明，两千年的创作是大不一样的，由于艺术家们所处的时代，他们的个性和气质不一样，他们对某些特定的题材：形象、宗教仪式、风景、动植物的表现形式都不一样，他们取得的成就

----

〔1〕 见琼·A.凯姆：《中国的艺术》，华沙，1978年，第3页。

也不一样。[1]

如果说欧洲的艺术品早已编上了目录，可以看到它的发展是循序渐进的，有某种趋势，并且出现了一些最伟大的艺术家，以自己作品的光彩照耀着千秋万代，可是中国的绘画从一开始就淹没在历史的迷雾中，这和神话的传统有联系：

> 好像最早是壁画，它和神话中的黄帝形象出现的传统有联系。黄帝统治时期在公元前 2700 年，从那个时候到我们今天，这么长的时期没有留下任何绘画作品，我们今天知道的最古老艺术作品是丝绸，产生于公元前三世纪。

> 四百年后出现了造纸，这种技术到今天也没有改变。艺术家拿着毛笔在横放在一张长的条桌上的纸或者绸布上，用水彩画画，不作修改。

> 和绘画艺术同时发展的还有书法艺术，两者运用的技巧也差不多，写得很漂亮的字和美丽的图画一样，令人赞叹不已。一幅画在一张珍贵的纸或者锦缎上画完之后，就把它缠在一根棉转棍上。

> 中国画都是放在一个小匣子里，为了给熟人看只拿出来一会儿，也可以拿出来几天，用来装饰房间。此外还可以给一些册子加上插画，画在扇子上，不用说举行宗教仪式也是要画的（画在旗帜上）。[2]

----

[1] 见琼·A.凯姆：《中国的艺术》，华沙，1978 年，第 3 页。
[2] 见王辛华：《中国吴派画》，南京，2018 年，第 1 页至第 3 页。

直到五世纪才有了绘画的理论，这种理论只论证了艺术家创作时的精神状态，没有说明它是一种描摹的形式，表现了艺术家或者爱好艺术的人要实现的理想，而不是为了让别人订购。绘画最有价值的形式出现在唐代，是那个时候发展起来的单色风景画，这种绘画的形式在九到十四世纪最为兴盛。它们的作者通常是一些儒家的学者，属于国家高级知识分子的阶层。中国传统的绘画一直延续到了我们这个时代，但是在二十世纪，欧洲和世界的绘画特别是油画、纤维画和乳胶画的影响就越来越大了。吉狄马加的一首献给画家朱成林的非同寻常的长诗《雪的反光和天堂的颜色》说明了他对这些画是有了解的。我们首先要说的是，诗人这里要借绘画来谈他那关于颜色的哲学和对大自然起源的审美观点，毫无疑问，由于对绘画的赞美，使他在颜色中对大自然和宇宙起源的神话感到震惊：

　　　　这是门的孕育过程

　　　　是古老的时间，被水净洗的痕迹

　　　　这是门——这是门！

　　　　然而永远看不见

　　　　那隐藏在背后的金属的叹息

　　　　这是被火焰铸造的面具

　　　　它在太阳的照耀下

　　　　弥漫着金黄的倦意

　　　　这是门——这是门！

　　　　它的质感就如同黄色的土地

假如谁伸手去抚摸

在这高原永恒的寂静中

没有啜泣，只有长久地沉默……[1]

诗人在凉山的山中长大，在这里他和大自然，和大自然的美，和它那不可想象的深度和广度接触，同时在触摸那里的一切、闻到那里的气味、听到那里的声音、尝到那里的滋味。首先是看到那里描摹自然的绘画的时候，便对那里有了一些最基本的感性认识。在猎捕野兽的时候，一个人的视觉是否敏锐非常重要，戴安·阿克曼说，它一直在引导人们和大地的元素作斗争：

> 虽然我们大部分人都不打猎，但是我们的眼睛在我们的感觉器官中依然是最重要的。要知道我们对手的爱好，要触摸到它，就一定要和它保持近距离，虽然我们不愿意但也要这样。但如果能听到它的声音，闻到它的气味，就可以离它稍远一点。我们的视线可以越过平原和高山，可以旅游，不管时间的长短，到一些国家和地球之外的地方，在途中获得很多知识。像蝙蝠和海豚这样的动物，能够听到我们听不见的更高频率的声音，除了耳朵，它们的眼睛对于空间也有辨识的能力。但这个世界对我们来说，只要睁眼一看，关于它的报道是那么丰富，也更吸引人。一些抽象的思维也可能是因为看见了什么而引起的，要说明其中的含义。有近百分之七十的感觉是在我们的眼中，我们对世界也只有见到才能够认识它，对它作出评

----

[1] 见吉狄马加：《雪的反光和天堂的颜色》。译者注。

价。一些相爱的人闭上眼睛接吻，他们的视线就大大地分散了。[1]

诗人想到了视觉的观感，但是——这里要发表一点奇谈怪论，就是——对他来说，重要的是他所见到的一切的内幕是什么。那里能够净化生命的圣水从一扇大门里流了进来，生命进到这扇大门后就来到了阴间。在一堆矿石中好像有一个处女在发出叹息，她正在看着她所爱的那个男性在远处寻找她。太阳出来了，使空间所有的东西都闪耀着金色的光芒，那扇大门看起来也是亮闪闪的。人类——一千多年来生活在这些山中——对那黄色的土地和长年保持神圣的寂静的高原都有很多的了解，也进入了这扇大门。可是那里的一切都变了，人的悲哀和快乐都陷入了深不可测的静寂的深渊。那里有一尊唯一能够看得见的神，它是一只大鸟，在空中飞翔，巡视着大地：

> 那是神鹰的眼睛
>
> 不，或许只有上帝
>
> 才能从高处看见，这金色的原野上
>
> 无数的生命被抽象后
>
> 所形成的斑斓的符号
>
> 遥远的迁徙已经停止
>
> 牛犊在倾听小草的歌唱

----

[1] 戴安·阿克曼：《观察家的眼睛，自然感性的历史》，华沙，1994年，第234页。

一只蚂蚁缓慢地移动

牵引着一丝来自天宇的光[1]

鹰看到了这里有运动，但是诗人看到的更多，他变成了一只鸟，看见了山里无数的生命，在它们中，他特别注意到有一只小山羊，有一些小草的茎秆，甚至还有一只单独的蚂蚁，他在这里看到了大的生命和小的生命相互之间没有冲突，能够很好地相处。对大自然的各种不同的感性认识能够说明大自然结构的复杂性，根据道教的教义[2]，这里突出地显现了一个非常完美的原始统一体[3]，马克·福斯特对这个统一体很熟悉，他说：

> 过去，当生存处于一种混乱状态的时候，人们和整个世界的接触都平安无事。在那个时候，阴和阳比例恰当，这两个元素在活动和停止活动的时候都没有出现混乱的状态。一年依次出现四个季节也保持了正常的秩序，任何物体都没有被损坏，任何生命都没有过早地死亡。

> 这种状态被称为最完美的原始统一体，人们都知道这个道理，但是却没有去利用它，因为在那个时候，谁都没有自觉地采取过任何行动，每个人干什么都是自发的。

> 在这样一个秉性纯真的世纪，聪明人并没有受到很大的重

----

[1] 引自吉狄马加的《雪的反光和天堂的颜色》。译者注。
[2] 道教的"基本信仰和教义是'道'，认为'道'是虚无之系，造化之根，神明之本，天地之元'，'万象以之生，五行以之成'，宇宙、阴阳、万物都是由它化生的。"见《宗教词典》，上海辞书出版社，1981年，第1060页。译者注。
[3] 这个"统一体"大概就是指"道"。译者注。

视，有能力的人也不被重用，统治者被看成是树梢的枝芽，人和动物一样都栖息在森林里，人表现了高尚的品德，但不知道这是应该的。他们互助互爱，也不知道这是一种善良的品德。他们对什么都很真心诚意，对什么都不推诿，却不知这是一种随和，他们都很值得信赖，也不知道这叫信得过。在他们的一些自发的行动中，他们互相帮助，并没有想到这是他们的慷慨大方，所以他们的行动没有留下任何印迹，也没有关于这些行动的任何记载。

人们的本能是不变的，他们缝制衣裳，要把它穿在身上，他们种地，为了有吃的，这也是他们都有的天性的表现。因为有这种天性，他们便形成了一个统一体，不会分开，这里虽有各种不同的集团，他们有一些自发的倾向，但还是这统一体里的人，因此，在这样一个纯真的世纪，每个人的行动都是很自由的，他们也很自信，能够看清自己面前发生的一切。[1]

这是道家哲学所阐明的人类社会的历史，也是富于理智的人类所走过的道路。诗人认为他就是这种哲学思想的代表，他的诗可以说总结了人类在它的生存的各个阶段所得出的经验，关于人类最初阶段生存的状况，马加是在他的民族的历史中了解的，他要把他所了解的一切变成一个中国文化的概念，在许多年都处于封闭状态的社会的文化的概念。不仅是彝族的民间传说，而且道家的神话都叙

----

〔1〕 马克·福斯特：《失去了最初的状态》，波兹南，2004 年，第 114、115 页。

说过处于神话时代的宇宙的创始：

> 在那个时候，既没有小路，也没有穿山的隧道，在湖面上
> 既没有小舟也没有桥，所有有生命的东西都形成了许多集体，
> 它们的栖息地相距不远。鸟和野兽都很多，形成了群体，野草
> 繁茂，树木高大。鸟和野兽都不用把它们关起来，也可以走到
> 它们的近旁，去探视喜鹊的窝。

> 在这样一个秉性纯真的世纪，人和鸟和野兽都住在一起，
> 大家都一样，形成了一个家庭，这里又怎么区分统治者和农民
> 呢？他们也没有更多的感性知识，没有脱离自然的本性，他们
> 是那么纯洁、天真，没有任何欲望，一切都符合他们的自然
> 本性。[1]

就像许多诗人那样，人们都很向往原始社会的这种幸福，因为
他们相信那金色世纪的神话，在那个圣洁的时代，人与动物和睦相
处，米尔恰·伊利亚德认为所有这一切，都是神的创造：

> 有一种看法认为神话是一种绝对的神话，因为它充分说明
> 了神的创造力，说明了它创造的东西。神话说的是一种入世的
> 宗教仪式。因此许多野蛮民族并不知道什么地方和什么时候有
> 过神话，只有在一年中经常举行宗教仪式的那个季节（秋季
> 和冬季），或者就是在举行宗教仪式的时候。一句话，就是在
> 那个最神圣的时刻，举行入世的宗教仪式的那个最神圣的时

----

[1] 马克·福斯特：《失去了最初的状态》，波兹南，2004 年，第 115 页。

刻，认定世界是一个现实的存在。每一个神话都要说明一个现实是怎么出现的，不管是像宇宙这样一个现实的整体，还是像一个岛、一种植物、人的一种习惯这样的一个部分的现实，神话要说的就是这一切是怎么出现的，为什么会出现。

马加对什么地方出现原始的状态，不管是在神话中，还是在凉山大自然的绘画作品中都非常敏感。作为一个年轻人他在那里什么都看到了，在他回想他的成长过程中的最初那些年月的时候，总是想要懂得原始人有过什么样的心理状态，他们是怎么理解这个宇宙的。他看了朱成林的一系列绘画作品，对大自然表示了同样的看法，而且他好像早就看到了这一点，要把千年的尘土都吹起来：

　　蓝色，蓝色，还是蓝色

　　在这无名的乡间

　　这是被反复覆盖的颜色

　　这是蓝色的血液，没有限止的流淌

　　最终凝固成的生命的意志

　　这是纯粹的蓝宝石，被冰冷的燃烧熔化

　　这是蓝色的睡眠——

　　在深不可测的潜意识里

　　看见的最真实的风暴！[1]

对吉狄马加来说，什么是颜色？它那最深的奥秘是什么？它那

----

[1] 引自吉狄马加的《雪的反光和天堂的颜色》。译者注。

最有价值的细腻和清新的特色表现在什么地方？我们看见蓝色在大自然中，总是表现一种遥远[1]，它是那么微妙和精巧，可以溶入另一种颜色中。血液也是一样，它可以像把最纯净的天青石放在火里烧一样，展现一个梦中的景象，诗人知道，一种颜色就像远方的歌声，虽然很单调，但它响遍了深渊和悬崖峭壁。他认为颜色的本质是什么，在波兰研究这个问题的一位女学者的著作中也提到了：

　　颜色是什么？这个现象在古希腊就引起了人们的好奇，那个时候，人们以为这是一个物体的客观属性，或者是人们对它的一种印象。今天我们知道，颜色是一种物质，一种物理和化学的现象，也是一种生理和心理的现象，要了解这种现象的出现，对它形成一个系统的看法，很早就开始了。哲学家、艺术家和学者们都对它进行过研究，采取了各种不同的研究方法，表现了各种不同的看法，就像对别的许多自然现象一样。这种多方面的研究一直延续到了今天，研究颜色的学科也是分门别类的。

　　物理学家认为，颜色是一种特定的放射的能量和有长度的光波，可以测试。生理学家认为，这是视觉感受对人的刺激，在人的脑子里会留下印象。心理学家认为颜色对一个人在心理上有影响，也会影响到他能保持一个什么状态。此外也可以把它当成一种化学成分来进行研究，研究某种色彩的性质，这是

----

[1] 物理学家认为，远方看上去呈蓝色是氧气的颜色，它充满了这个观看的人和那个远方之间的空间。

另外一门学科。[1]

研究这个颜色的女学者提到了那些研究每一种颜色的性质的人里的艺术家，但是很难说她说的是画家还是雕刻家，也许还有散文作家、剧作家或者随笔作家。但我们若要对这进行深入研究，我们首先就会想到许多诗人，在他们的诗中，对于我们感兴趣的这个问题进行了可贵的思考，在他们中当然有吉狄马加，他在上面提到的这首长诗中，想要对颜色的本质和它们为什么出现在我们这个世界上进行深入研究。但这并不是那么容易的，因为我们对颜色，还是在宇宙变化的早期我们这颗行星形成时有过的概念，这颗行星的周围都是氧气和氮气，为生物提供了生存的条件，因此诗人能够记载这吹拂的风和一群大雁在一个村庄的上空飞翔：

> 风吹拂着——
>
> 在这苍秋的高空
>
> 无疑这风是从遥远的地方吹来的
>
> 只有在风吹拂着的时候
>
> 而时间正悄然滑过这样的季节
>
> 当大雁从村庄的头顶上飞过
>
> 留下一段不尽的哀鸣
>
> 此时或许才会有人亲眼目睹

----

〔1〕 M.热平斯卡：《颜色的科学，颜色的性质》，华沙，1889 年，第 8 页。

在那经幡的一面——生命开始诞生

而在另一面——死亡的影子已经降临![1]

信仰的大旗在西藏高原和西藏飘扬，就像是在不断地祈祷，诗人看见了在这些旗帜中有的展现了活的世界，有的代表死亡的世界。它们的颜色具有象征意义，但更主要的是它们的飘动，向我们展示了由于太阳的运动和明暗的交替，才使得这个世界可以看见。还有宇宙中的存在和不存在的形式和决定这种存在和不存在的规律也很重要，因为有什么存在都看得见，不存在就看不见。

如果说到对颜色世界运行规律的认识，那么它表现在艺术中比在科学研究中要早一千多年。艺术家运用这种规律虽然对它有认识，但这只是一种直觉，一种本能，或者根据他们接触某种颜色后所获得的感受，这和科学家对颜色的认识完全不同，虽然艺术家和科学家对他们周围的现实都在进行研究，但他们所得出的看法和结论也是完全不一样的。

在绘画艺术中，除了对颜色的直观感受，我们还能看到这里面的心智和理性因素的表现，但是我们首先看到的是其中的线条、形状和空间，在一些用色彩所作的细腻的描绘中，我们可以看到一个情感和直观感受的王国。

诗人感到他和画家像兄弟一样的亲密，相信他的作品会流传千古。他看着他的每一首诗，相信这是一种创作的智慧和力量，能够

----

〔1〕 引自吉狄马加的《雪的反光和天堂的颜色》。译者注。

长时期地保留他所展现的画面。在大自然中，会经常出现大的动荡，一瞬间就改变了大地的面貌，但是那些白色的冰块、一些地区和最高的山峰原来的面貌以后还是会留在人们的记忆中：

你的雪山之巅

仅仅是一个象征，它并非是现实的存在

因为现实中的雪山，它的冰川

已经开始不可逆转的消失

谁能忍心为雪山致一篇悼词？

为何很少听见人类的忏悔？

雪山之巅，反射出幽暗的光芒

它永远在记忆和梦的边缘浮现

但愿你的创造是永恒的

因为你用一支抽象的画笔

揭示并记录了一个悲伤的故事！[1]

有一种颜色的神秘主义信仰，有人认为这是要寻找秘密，看到梦和记忆是如何混在一起的。马加在这里好像想起了歌德的一句话："感觉告诉我们，颜色也有神秘的意思。"[2] 在这位画家和诗人看来，这是芍药花的变种：

那是疯狂的芍药

跳荡在大地生殖力最强的部位

----

〔1〕 引自吉狄马加的《雪的反光和天堂的颜色》。译者注。

〔2〕 歌德：《颜色的科学》，华沙，1981 年，第 323 页。

那是云彩的倒影，把水的词语

抒写在紫色的疆域

穿越沙漠的城市，等待河流的消息

没有选择，闪光的秋叶

摇动着羚羊奔跑的箭矢

疾风中的牦牛，冰川时期的化石

只有紧紧地握住手中的法器

占卜的神枝才会敲响预言的皮鼓[1]

芍药花——经常出现在中国的画和装饰品中——使马加这首长诗的读者相信水的逻各斯[2]，也就是要整顿世界内部的秩序，使上帝的永恒的真理在大自然中显灵。大家知道，在最早的那个时候，中国人担心的是要浇水的庄稼，特别要防止那不安分的河水淹没广大的平原地带。[3]但是河流、湖泊和大海对中国人来说，却有另外一个意思，伊利亚德说得好：

水象征所有潜在之物，它是来源和根源[4]，包括一切有可能存在的东西和它们的形式，它保存了所有已经造出来的东西，其中最有代表性的是岛屿，它突然"出现在"浪中。它如果沉落下去就象征它又回复到以前那种没有形体的状态，重

----

[1] 引自吉狄马加的《雪的反光和天堂的颜色》。译者注。
[2] 古希腊哲学的基本概念，赫拉克利特哲学术语，意为普遍规律性，在唯心主义哲学中为"宇宙理性""绝对精神"。译者注。
[3] 见 J. 克列门特斯：《中国的第一个皇帝》，华沙，2006 年，第 87、88 页。
[4] 原文是拉丁文。

又进入在它存在以前的那种混乱的状态。显现是宇宙起源时物体的显现，沉落则是它的解体，因此水既象征生也象征死。

诗人在他的这首长诗中，是这么想象从人们见到的冰河时期的化石到今天这样一条令人惊异的文化发展的道路，还有那些展示了宇宙起源的绘画作品。在他的家乡的大山中出现的人、羚羊、牦牛，还有他们那值得骄傲的祖先的预言也都预示了他们和它们未来的状况。在他诗的想象中，很自然地说明了神话的本质和宇宙的奥秘：

> 你告诉我高原的夜空
>
> 假如长时间地去注视
>
> 就会发现，肉体和思想开始分离
>
> 所有的群山、树木、岩石都白银般剔透
>
> 高空的颜色，变幻莫测，隐含着暗示
>
> 有时会听见一阵遥远的雷声
>
> 我们都不知道什么是最后的审判
>
> 但是，当我们仰望着这样的夜空
>
> 我们会相信——
>
> 创造这个世界的力量确实存在
>
> 而最后的审判已经开始……[1]

只有那些相信创造力量的人才能认识这个世界，认识它的色彩

----

[1] 引自吉狄马加的《雪的反光和天堂的颜色》。译者注。

和这些色彩中包含的能量，[1] 它把历史的开头和终了连在一起，因为对红色、黄色和蓝色都一直有某种感受，看见白色就有一种悲哀的感觉，要在供欣赏的作品和语词中去寻找秘密，何塞·奥尔特加·伊·加塞特[2]下面的话表现了我们的美学观点：

> 我们制作一个成品常常是为了实现我们的意图，这个成品也是一种意义的表现，人的最大和最出色的功绩就是创造了文字，能够表达意思，通过文字和意思的表达来告诉别人自己的秘密，而这些秘密如果没有文字的表达，通过自身就只能间接地显露出来。

> 语言能够表达意思，文字也能表达意思。同样，诗歌、音乐和绘画都是人与人之间交流的工具。诗人在他的诗中，向别的人表达什么意思，在绘画和音乐中也可以表达出来。绘画中的"说"就是画家和欣赏他画的人的对话。"说话"当然只是人与人之间沟通的方法之一，但有它的特色，而语言就是用于这种沟通的最好的工具——很明显——只要把话说清楚，就不会让人对这里要表达的意思有错误的理解。换句话说，通过语言是要把这里要表达的意思一次就说清楚，不需要附加的说明。那么这种沟通的方法是不是永远行之有效，这不重要。

> 重要的是，语言既能说明某种意思，又有它表白的方法，那么对于某种慷慨大方的想法或思想，能不能用一句话把它的

----

[1] 见 D. 卡姆·贝尔：《颜色的能量》，贝德戈什契，1996年，第61页。
[2] 何塞·奥尔特加·伊·加塞特（1883—1955），西班牙哲学家。译者注。

意思全部表达出来？事情很简单，每个语词都要表现一种概念，概念也总是要说明某个事物，这里也包括我们对世界的认识，因此，只有语词和概念的表达才能把所有的都说清楚，用别的方法表达出来的都是猜不透的秘密。[1]

马加也用语词表达过他对世界特别是对宇宙起源，也就是从它的开创一直到世界末日的认识。这就要知道那个我们不知道的祖先当他听到第一声轰隆，想要知道天空中有什么秘密时的感受。诗人也和这个祖先一样，都在看着天上的星星，想要知道这个宇宙中，生命的存在有什么意义，在这些生命中有关于雪豹的想象，还有体形很大的野牛，此外还有人。他们想要知道宇宙的创始和它的末日的来到的秘密是什么？但诺苏人知道，有开头就一定有结尾，有生存就会有死亡，要说明大自然的美学概念，就一定要探测宇宙最深的奥秘，这就提出了一些基本的问题：

谁看见过天堂的颜色？

这就是我看见的天堂的颜色，你肯定地说！

首先我相信天堂是会有颜色的

而这种颜色一定是温暖的

我相信这种颜色曾被人在生命中感受过

我还相信这种颜色曾被我们呼吸

毫无疑问，它是我们灵魂中的另一个部分

----

[1] 何塞·奥尔特加·伊·加塞特：《维拉兹奎兹和高雅》，华沙，1993年，第34、35页。

因为你，我开始想象天堂的颜色

就如同一个善于幻想的孩子

我常常闭着眼睛，充满着感激和幸福

有时泪水也会不知不觉地夺眶而出……[1]

天空的颜色象征早期部落中的神话和绘画艺术，这就是从万物有灵和诗的想象，到中国和世界现代的诗学，中国各个朝代的绘画艺术和从古到今的各种艺术的流派的产生。

----

[1] 引自吉狄马加的《雪的反光和天堂的颜色》。译者注。

二　黑色狂想曲

吉狄马加将大量选译成波兰文的他的诗歌称为黑色和宁静，就好像要说明他的诗中黑色描写的分量是和永远的寂静对位的。黑色是最暗的颜色，一种材料如果是黑色的，就不会有反光，和周围的一切形成了对照。什么是能够百分之百地吞食所有的光线的黑色，在科学上也说不明白，但是大家都认为，像焦油和油烟这样的东西都是最黑的。彝族黑色部落的人很早很早以前，就以黑色作为他们所有的色彩装饰品的底色，例如漆器、非常漂亮的头布、被子、毛毯、长衣、裙子或者裤子都是黑色的。这是因为他们看到在大自然中，鸟的羽毛是黑的，有角动物的角是黑的，此外树皮、果核和动物的瞳孔也是黑色的。这种颜色也是各种不同文化的象征，就像阿克曼所说的那样，决定于我们的眼睛怎么去看它：

> 颜色与其说存在于这个世界上，不如说存在于想象中。我们可以举这样一个古老的奇谈怪论：如果林子里有一棵树倒了下来，谁也没有听到它倒下的声音，那么这里有声音吗？同样，如果谁也没有看见苹果，那么苹果真是红色的吗？回答说

不是，这里的红色也不是我们所理解的红色。每一种动物都有不同的颜色，就看它体内具有什么化学成分。其中许多都是白色和黑色的，有些动物的颜色不显眼，我们不太注意。但是我将我们喜欢的颜色看成是我们生活中的快乐，也总是要千方百计使它们给我们的生活带来快乐，这是人类所特有的。

黑色文化的多样化是令人惊奇的，因为除了总是让人们想到死亡的欧洲文化之外，它在这个地球上的每一个地方的文化中都有不同的含义。在中国，黑色是象征幸福的颜色，在古埃及和美洲印第安人那里，这是生命的颜色，彝族人认为，黑色是存在的本质，它显示了宇宙的秘密。这位彝族人的著名代表写下的下面这首诗，就是一首对黑色的非常美妙的赞歌：

在死亡和生命相连的梦想之间
在河流和土地的幽会之处
当星星以睡眠的姿态
在蓝色的夜空静默
当歌手忧郁的嘴唇失去柔软
木门不再响动，石磨不再歌唱
摇篮曲的最后一个音符跳跃成萤火
所有疲倦的母亲都已进入梦乡[1]

这就像一篇序言，既谈到了现在，又反映了那古老的神话和传

----

[1] 引自吉狄马加的《黑色狂想曲》。译者注。

说的时代。我们这里就近要说的，是住在山里的人们，每天都是那么劳累之后，就两眼一闭，进入了梦乡，以黑暗替代了光明。我们再向远处看，那里有远古的神话和神明，在夜晚，在天空中没有云彩的黄昏时刻，显示了创造的力量。乔治·普莱[1]根据基督教思想家圣波拿文都拉[2]的宇宙观得出了他的结论：

> 圆的周长是没有完的，时间像圆周的转动一样也是没有完的，但是圆的中心是永远不变的，它和这个圆的周边的任何地方的关系都是一样的。如果想要了解对于神的永远存在的两种完全相反的看法，那就要从它的两个完全不同的方面来看，同时也要尽量地发挥想象，再把所有的想象集中起来。

> 要看到时间是包含一切的，就像圆一样，既要看到它那没有完的周边，也要看到它那永远不变的中心，那里没有时间的概念。[3]

这位中国诗人可以同时将他的一个作品比如一首赞歌变成一首古老的传统形式的狂想曲，因为他就像古希腊的歌手那样，总是要在一个大的集会上把自己的作品朗诵出来，而狂想曲正是古希腊的云游歌手和朗诵家所朗诵的一种形式的诗歌作品，它们的作者往往是不为人知的。在大的演出活动中，或者在盛大的节日，人们头戴月桂花环，手里拿着拐杖，开始朗诵狂想曲也就是一些叙事长诗的

----

〔1〕 乔治·普莱（1902—1991），比利时文学批评家、作家。译者注。

〔2〕 波拿文都拉（约1217—1274），欧洲中世纪哲学家、神学家，曾于1256年被选为方济各会总会长。译者注。

〔3〕 见乔治·普莱：《圆的变形》，华沙，1977年，第333、334页。

片段。中国诗人的这种狂想曲的创作都是为了表达差不多的意图，也总是首次在火把节的时候朗诵，表现了他们彝族生活的空间最主要的特点：

　　　　而在远方，在云的后面

　　　　在那山岩的最高点

　　　　沉睡的鹰爪踏着梦想的边缘

　　　　死亡在那个遥远的地方紧闭着眼

　　　　而在远方，在这土地上

　　　　千百条河流在月光下游动

　　　　它们的影子走向虚无

　　　　而在远方，在那森林里

　　　　在松枝诱惑的枕头旁

　　　　残酷的豹忘记了吞食身边的岩羊

　　　　在这寂静的时刻

　　　　啊，古里拉达峡谷中没有名字的河流

　　　　请给我你血液的节奏

　　　　让我的口腔成为你的声带

　　　　大凉山男性的乌抛山

　　　　快去拥抱小凉山女性的阿呷居木山

　　　　让我的躯体再一次成为你们的胚胎

　　　　让我在你腹中发育

　　　　让那已经消失的记忆重新膨胀

在这寂静的时刻[1]

这就是小凉山和大凉山的现实，还有它们那雄伟的乌抛和阿呷居木山峰，和那些地方独特的野兽，如鹰、豹和山羊。诗人在这里写河流在月光下急速地游动，梦想、岩石、森林和松枝，而首先是写了人。死亡使一些人闭上了眼睛，那些已经出生的则仍在耕地、打猎和在篝火旁跳舞——他们也会在这里被焚烧，通过过渡的仪式，回到宇宙中去，成为宇宙里的物质。诗人表示了热切的希望，想要回到一个人的开头，也就是"胚胎"，在母腹中成长的那个时候，但他写的是整个宇宙，要展现宇宙最初的形式，只有深入地探寻和了解那个时候一片虚无到底是什么，才能对宇宙许多方面的存在进行综合性的研究，产生黑色的梦想：

　　　　啊，黑色的梦想，你快覆盖我，笼罩我

　　　　让我在你情人般的抚摸中消失吧

　　　　让我成为空气，成为阳光

　　　　成为岩石，成为水银，成为女贞子

　　　　让我成为铁，成为铜

　　　　成为云母，成为石棉，成为磷火

　　　　啊，黑色的梦想，你快吞没我，溶化我

　　　　让我在你仁慈的保护下消失吧

　　　　让我成为草原，成为牛羊

　　　　成为獐子，成为云雀，成为细鳞鱼

----

[1]　引自吉狄马加的《黑色狂想曲》。译者注。

让我成为火镰，成为马鞍

成为口弦，成为马布，成为卡谢着尔[1]

啊，黑色的梦想，就在我消失的时候

请为我弹响悲哀和死亡之琴吧

让吉狄马加这个痛苦而又沉重的名字

在子夜时分也染上太阳神秘的色彩[2]

黑色的梦想在这里说的是永恒和回到物质最早出现的那种状态，所有的物质都混在一起。黑色能够造成一种气氛，使某种秘密显得更加秘密。有黑色的对照，别的颜色在空间会显得更加明亮。诗人用黑色的梦，他要在梦中变成新鲜的空气、阳光、岩石、水银、女贞树的化、铁、铜、云母、石棉、磷光体。要充分表现人的最初的意识，就一定要回复到最初有过的动物的形体，成为山猫、百灵鸟、浅水中的鲤鱼。也不能没有部落生活用过的一些东西：火镰、马鞍、口簧琴[3]、马布和卡谢着尔[4]。诗人想到了未来，想到了自己的死，他对大自然提出了最后一个请求，希望他那遭受痛苦的名字带有虹霓的色彩，甚至深夜的色彩。当然这是光的衍

----

〔1〕 卡谢着尔：彝族的原始乐器。译者注。

〔2〕 引自吉狄马加的《黑色狂想曲》。译者注。

〔3〕 一种金属制的古老的吹奏乐器，半圆形，用口吹，手指按其中的弹簧，最早出现在东南亚，十四和十五世纪传到了欧洲。它在欧洲用钢制成，在亚洲用青铜制成。但在印度和越南它是由木材、竹子或其他材料制成的，由于其结构简单，该乐器以多种形式在世界上各个地区如中亚和东南亚已经使用了许多世纪。而在欧洲，常用在吉卜赛人的音乐演奏中。译者注。

〔4〕 彝族的一种原始乐器，近似于竹竖笛。

射，把色彩分散了，而这些色彩就象征了命运和不可避免的死亡：

让我的每一句话，每一支歌

都是这土地灵魂里最真实的回音

让我的每一句诗，每一个标点

都是从这土地蓝色的血管里流出

啊，黑色的梦想，就在我消失的时候

请让我对着一块巨大的岩石说话

身后是我苦难而又崇高的人民

我深信这千年的孤独和悲哀呵

要是岩石听懂了也会淌出泪来

啊，黑色的梦想，就在我消失的时候

请为我的民族升起明亮而又温暖的星星吧

啊，黑色的梦想，让我伴随着你

最后进入那死亡之乡〔1〕

黑色的梦想把诗人带到了死亡的国度，进入了宇宙世界，和自己部落的祖先相遇了。这是一个有时间的存在和没有时间的存在多么美妙的比喻，这是一幅显示了元素的力量和宇宙起源的能量多么壮阔的图景，而诗歌对这又是怎么表现的，约翰·赫伊津哈〔2〕写道：

我们在反映一种状况或者一个事件发生的时候，如果用它

- -

〔1〕 引自吉狄马加的《黑色狂想曲》。译者注。

〔2〕 约翰·赫伊津哈（1872—1945），荷兰语言学家、历史学家。译者注。

来说明日常生活中的某种概念，就可以把这种概念拟人化。如果把没有形体或者没有生命的东西拟人化，那就成了神话，会表现在所有的诗中，产生隐喻的效果。但这里说的并不是要我们想出一个没有形体的东西，然后把它变成是一个有形体和生命的东西，而是要在想象中对生活中一个有生命的活体进行改造，然后把经过改造的这个活体展现给别的也见过这种活体的人。那么想象在这里就变成了图像。[1]

将现实生活变成神话，脉搏停止跳动，这都说明了一个人将变成没有生命的物质，从人的存在变成虚无。诗人把他想到的一些过渡的因素都分散了，他要抛弃他的父母告诉他的传统的部落统一体的看法，他的灵魂要飞向过去，成为一个没有形体的存在，就像那许多许多活着的人一样，穿过大地上的存在这座大门。奥尔特加·伊·加塞特也像诗人那样，认为寻找灵魂首先要认识自己的内在：

> 人的内在是不是指从他的外表进入到他的灵魂深处？人体是宇宙中唯一可以对他有各种不同认识的物体。我们知道他的外表，就像我们见到树木、天鹅和星星那样，但我们也要知道他的内在，既要看清他的外表，也要很亲近地进入到他的内在。这两种情况有什么不一样？其实我们讲体外的活动就有两种意义，这就是自己体外的活动，另一种是讲别人的体外活动。[2]

----

〔1〕 见约翰·赫伊津哈：《诗的形式的职能——图画》，华沙，1885 年，第 195 页。

〔2〕 见奥尔特加·伊·加塞特：《生命力、灵魂、精神》，华沙，1980 年，第 182 页。

若要变得没有形体，就一定要知道自己的形体结构，首先是在母体中就已形成的结构，然后再看自己成年以后的形体结构。诗人对这当然是有了解，但这也使他有一种痛苦的感受，诗人当然知道，要回归宇宙就一定要被火烧掉，然后解体和死亡。在对于这一过程的研究中，诗人表现了对卡西米尔·马列维奇一幅名画的看法[1]：

> 影子在更暗处，在潜意识的生铁里
>
> 它天空穹顶的幕布被道具遮蔽
>
> 唯一的出口，被形式吹灭的绝对
>
> 一粒宇宙的纤维，隐没在针孔的巨石
>
> 没有前行，更不会后退，无法预言风的方向
>
> 时间坠入无穷，只有一道消遁的零的空门
>
> 不朝向生，不朝向死，只朝向未知的等边
>
> 没有眼睛的面具，睡眠的灵床，看不见的梯子
>
> 被织入送魂的归途，至上的原始，肃穆高贵的维度
>
> 找不到开始，也没有结束，比永恒更悠久
>
> 光制造的重量，虚无深不可测，只抵达谜语的核心！[2]

　　马列维奇的这幅画创作于 1914 年，翌年曾在圣彼得堡展出，引起了极大的轰动。它的原画已经失落了，但是这位画家弄出了它

----

[1]　卡西米尔·塞·马列维奇（1878—1935），俄罗斯前卫艺术最重要的倡导者，20世纪具有世界影响的美术大师，其代表作《黑色正方形》已成为一种象征和标志。译者注。

[2]　见吉狄马加：《黑色——写给马列维奇和我们自己》。译者注。

的一个复制品，现在莫斯科特列迪亚科夫斯基画廊里展出。在马加的诗中，要借这个题目表达他的哲学思想和美学观点，但是诗人要说的并不是这幅画，而是黑色本身。他像往常那样，认为它是从天体演化最后到原子的分解过程中出现的一种现象，热平斯卡也表现过和这相近的观点：

> 黑色如果象征一种价值，那么它在整个历史的过程中，都被认为是一种被否定的文化价值，它的反面是光明。现代心理学和医学都认为黑色对人的心理和治病有负面影响。在基督教的神学中，黑色是一种表现没有信仰和罪恶的颜色，也是一种表示顺从、放弃、拒绝、世界和形体的衰亡的颜色，因此天主教教士穿的长袍也是黑颜色的，在做礼拜的时候，黑色的展现象征悲哀和痛苦。此外还有紫红色，这个颜色很有意思，它也是一种亮度不高的颜色，它比别的颜色都更接近于黑色。因此在中世纪，人们厌恶黑色和灰色，喜欢别的色彩……魔鬼、"凶恶的公爵"按照人们的心理感受，就要把它和他的像画成黑色的。但是按照宗教教规的要求又有一些变化，在中世纪，魔鬼一般是画成深颜色的，有紫红色的、棕色的或深蓝色的。

马加在他的诗中，联系到马列维奇的画，很大胆地提出了许多重大的问题，他把世界看成是无限的，人也是一个抽象的存在。为了表现一种激动的情绪，要在想象中不断地展现一些跳动的图像，但是就像一个人的命运一样，这种展现都不会成功，因为想象中的一切都是虚无的。每一种激动情绪的爆发都只能用告别和眼泪来表达，说明它的神圣和值得骄傲：

我梦见过黑色

我梦见过黑色的披毡被人高高地扬起

黑色的祭品独自走向祖先的魂灵

黑色的英雄结上爬满了不落的星

但我不会不知道

这个甜蜜而又悲哀的种族

从什么时候起就自称为诺苏

我梦见过红色

我梦见过红色的飘带在牛角上鸣响

红色的长裙在吹动一支缠绵的谣曲

红色的马鞍幻想着自由自在地飞翔

我梦见过红色

但我不会不知道

这个人类血液的颜色

从什么时候起就在祖先的血管里流淌

我梦见过黄色

我梦见过一千把黄色的伞在远山歌唱

黄色的衣边牵着跳荡的太阳

黄色的口弦在闪动明亮的翅膀

我梦见过黄色

但我不会不知道

这个世上美丽和光明的颜色

从什么时候起就留在了古老的木质器皿上

(我梦见过那样一些颜色

我的眼里常含着深情的泪水) 〔 1 〕

----

〔1〕 见吉狄马加:《彝人梦见的颜色——关于一个民族最常使用的三种颜色的
印象》。译者注。

三　雪白

　　白色在吉狄马加的诗中,是用来和黑色作对比的。白雪覆盖着山坡和谷地,但是白色在中国人的想象中象征凶多吉少,是一种说明了死亡的颜色,所以在深山中,就可以发现一些被捕杀的野兽的白骨,此外还有一些人死在峡谷和岩石的裂缝里留下的白骨,还有他们祖先在一些场地上留下的白骨。如果说《黑色狂想曲》表现黑色的话,那么抒情诗《白色的世界》就是一首表现"白色"的诗,这种巧妙的颂扬首先来自彝族人民的传说,也象征了他们在极端艰难的条件下要坚持战斗,求得生存,繁衍后代,和自己的亲属以及他们那最著名的先人的灵魂一起,行进在这伟大的征程上。在欧洲的文化中,白色却有另外一种意思,我们来看热平斯卡是怎么说的:

　　　　白色特别受到神学家们的推崇,认为它象征纯洁、天真无瑕和一种新的精神生活(祭司唱的黎明曲[1])。《圣经》新约全书说白色是天使们的颜色,上帝在地上的仆人的颜色,也是

----

　　〔1〕 欧洲中世纪的一种诗歌体裁。译者注。

使徒、预言家，和《启示录》中老者的颜色。在一些很严肃的壁画中和基督教早期镶嵌艺术品中出现的使徒和《启示录》中的长老的形象都是白色的[1]。有时候，耶稣穿的衣服也是白的，只有天使的形象才很少是白色的。在中世纪的晚期，将颜色用来作"装饰"就很少见了，不管是在墙壁上还是祭坛上，我们都没有见过白色的天使……奇怪的是，在赫尔梅内伊关于肖像画的论述中却没有提到衣服最标准的颜色是什么，白色本来是东西方的基督教的艺术品都要用的颜色，但在东方，那些祭司在祈祷时并不穿这种颜色的衣服。不管是西方还是东方的使徒、预言家、《启示录》中的长老，还是准备受洗的候选人[2]，都坚持用白色。耶稣在他变容的时候也穿上了白衣。如果我们要举另外一些色彩，那就只有金黄色、紫色，或者红色和蓝色是标准的了。用白色还是用这些颜色就看有什么需要，白色用于镶嵌艺术品的制作，而金黄色、紫色，或者红色和蓝色都可以用来作壁画。其实白颜色不管用在什么地方，它都是一种纯净的颜色，中性的颜色，使徒们和耶稣有意穿上白色的衣服的"影像"和他们身上的"光彩"，就是为了让人们给它们涂上黄色、蓝色或绿色这样一些美好的色彩，但每一种颜色都不能涂得太多，要使它们保持一种和谐的状态。在这

----

〔1〕 基督教《圣经》"新约全书启示录"第四章中说："宝座的周围、又有二十四个座位、其上坐着二十四位长老、身穿白衣、头上戴着金冠冕。"译者注。

〔2〕 原文为拉丁文 candidus，这个词形式上也比较接近 Catechumen（慕道友），指那些预备受洗，但还没有受洗的预备信徒。译者注。

里，艺术家的爱好和艺术的要求是胜过他对宗教神学的理解的。

中国人对白色的不同理解表现在下面要引的这首诗中，它表述的那种激动心情是难以形容的，这是一首对白色世界伟大的赞歌，诗人就出生在这个世界里，这个世界使他产生了不一般的想象，这是一条白色的道路[1]，诺苏人相信，一个人死后，他的灵魂会走在这条路上：

> 我知道，我知道
>
> 死亡的梦想
>
> 只有一个色调
>
> 白色的牛羊
>
> 白色的房屋和白色的山岗
>
> 我知道，我真的知道
>
> 就是
>
> 迷幻中的苦荞
>
> 也像白雪一样
>
>
> 毕摩告诉我
>
> 你的祖先

----

〔1〕 根据彝族人民的信仰，人死后有三个灵魂：Hlage 灵魂（不聪明的灵魂），留在他的躯体的火葬地；Hlajju（半聪明的灵魂），留在人们的记忆中；还有 Hlayi（聪明的灵魂），他会走在白色的路上，去和他的祖先会合。

都在那里幸福地流浪

在那个世界上

没有烦恼，没有忧愁

更没有阴谋和暗害

一条白色的道路

可以通向永恒的向往

啊，原谅我

在这悲哀的世纪，我承认过

幻想超过了现实的美妙

可是今天我还是要说

人啊，应该善良

活着本身就不容易

我热爱生命和这片土地

并不是因为我惧怕死亡。[1]

　　诗人的死亡的梦想也是白色的，所有的一切在他那里都是白色的，也不管现实中是怎么样的。白色在诗人看来，很自然地表现了生活在凉山这样一个大自然中感到安稳的状态，和部落里的人住在一起，有世世代代祖先在精神上的呵护。这一切在马加的想象中，便出现了他的祖先的许多画面。对这兹比格涅夫·赫贝特[2]在另

- -

〔1〕　见吉狄马加：《白色的世界》。译者注。
〔2〕　兹比格涅夫·赫贝特（1924—1998），波兰现代著名的诗人和散文作家。
　　　译者注。

外一种情况下曾经写道：

> 有一些重要的、具有本质意义的东西的出现比我们在一些
> 杰作的论述中偶尔见到的还要多，对这虽然很难作出合理的解
> 释，但我马上就明白了，这里面有什么内在的联系，使我们对
> 它们产生了极大的兴趣，因此我们便集中了注意力，处于一种
> 像听到了警报一样的紧张的状态，想要知道某些奇闻，就是自
> 己陷入迷茫也愿意。这几乎是一种生理感官上的反应——就好
> 像有人在呼唤我，要把我叫到他的身边。一幅画是那么清晰，
> 那么引人注目，能够许多年都留在记忆中，可这并不是一幅特
> 别引人注目的脸面的画像，或者任何一个戏剧的场景，而是一
> 幅静止平和的大自然的画。[1]

如果说赫贝特说的是大自然在画中的神采是那么迷人的话，那
么在这位中国诗人的诗中，就是对一个"活生生的大自然"的赞
美，它的画面是那么广阔，不可想象的清澈透明。这里有雪一样的
白色，有活着的人和灵魂在一起的奥秘：

> 把自己的脚步放轻
>
> 穿过自由的森林
>
> 让我们同野兽一道行进
>
> 让我们陷入最初的神秘

----

[1] 兹比格涅夫·赫贝特：《画中的大自然和烟嘴》，华沙，2003 年，第 75
页。

不要惊动它们

那些岩羊、獐子和花豹

它们是白雾忠实的儿子

伴着微光悄悄地隐去

不要打扰永恒的平静

在这里到处都是神灵的气息

死了的先辈正从四面走来

他们惧怕一切不熟悉的阴影

把脚步放轻，还要放轻

尽管命运的目光已经爬满了绿叶

往往在这样异常沉寂的时候

我们会听见来自另一个世界的声音[1]

　　重要的是这里和野兽的交往，因为按照狩猎文化的习俗，如果把捕获的野兽加以驯服，它就成了捕猎者外出打猎的伴侣了，猎手不管是捕获还是捕杀了一只野兽，他都是爱它的，因为他把它永远看成是他的部落里的一个成员。在山里的出征是多么重要，不仅考验了一个人的意志，也锻炼了身体，体内和体外都得到了锻炼。迈着轻柔的步子，走在一片处女林中，这位狩猎者和诗人会有一种失魂落魄的感觉，他快要发现宇宙的秘密了。他在这里和那些被白雾

----

〔1〕 吉狄马加：《故土的神灵》。译者注。

笼罩和在白雪的光照中的孩子有了接触，这些孩子就是山羊、小鹿和豹子，他和它们都在一个集体中，一直到死都在一起，而且要留在人们的记忆中，写在彝族那许多神圣的文化著作中。这个集体深入到了诗人的内心，在这里，他听到了那过去的歌声、鼓声和三弦琴的弹奏声，祖先在用那古老的语言在说话。这一切都展现了那原始的物质和意识的宽阔的光谱，从而使我们了解到那个时候的世界和我们自己。但要做到这样并不那么容易，就像琼·皮埃尔·里查德指出了奈瓦尔的地理学中对世界神奇的描绘那样，我们对这也是可以发挥想象的：

> 并不是所有的实体对于人们的观察都毫无抵制，有些东西对这是有抵制的，比如灰尘，它就能形成一片透不过视线的遮掩。别的东西对我们的观察没有表现明显的敌意，但也反对深入到它们的内里。石头或者岩石是不透明的，它们都很坚实，有一层外壳。如果在这层外壳里出现了一个灵魂，那它是很难从里面出来的。它的眼睛在奈瓦尔看来，也看不见那岩石的外壳，可是岩石的本身却会表现出一种神奇的变化，长时期地磨损，最后彻底破裂，成了大地上的一具骷髅。[1]

吉狄马加的生活至少他早些年的生活就像是在长年披了一层外壳什么也透不进的岩石中一样。维斯瓦娃·希姆博尔斯卡[2]有一

----

〔1〕 J. P. 里查德：《奈瓦尔的神奇地理》，格但斯克，2008 年，第 27 页。
〔2〕 维斯瓦娃·希姆博尔斯卡（1923—2012），波兰著名女诗人，1996 年诺贝尔文学奖获得者。译者注。

首《和石头谈话》的诗，说到了想要进到岩石里面的尝试。人的意识也想要进到那个封闭的物体里去，进入到一个实体的内里，但这种想象却不能改变那在宇宙形成的时候就已经固定了的这个世界的组成因素的结构形式，石头还是石头，它的内部也从来没有展现在人们的眼前，因此其中的秘密永远是那么吸引人。希姆博尔斯卡和马加都看到了，那种密度最大和最硬的小东西都很奇怪地能够变成轻巧和像空气一样稀疏的东西。他们对于地面的大小以及地质的变迁都有独到的见解，用抒情诗来表达，这个世界就更加离奇怪异了，好像这是一个荒诞的存在。石头的拟人化，作为一个人的象征，他"能够说话"，表示某种意思，并且认为人们的思想交流和说话语句的变换都毫无意义。但是石头作为一个固休是密封的，任何东西也进不到它的里面。如果一块岩石被打碎了，它就会变成许多小的石头，它们也都是一样的密封体，而且这种粉碎变小是无限的，就是碎成了一粒沙子它还是石头，也还是有它内在的秘密。敲一道石门是想进到里面去看有什么东西，这是出于好奇心，从这种好奇心出发，总是希望有所发现，看到某种变化的出现，这也是我们的意识的前行，它在往前迈步。但这样就一定会遇到阻拦：生命的阻拦、理智的阻拦、没有生命的岩石的阻拦、物体的不可改变和它的坚实的内里的阻拦，而其中的秘密又变成了一个想象的空间，意识感触不到，可对它的想象却是无穷的。

对外部世界——沃伊切赫·利根扎写道——如果没有一致的认识，那么人们至少对它会有一些感触。当然，诗歌并不是要创造一个形而上学的系统，维斯瓦娃·希姆博尔斯卡的诗歌创作的目的，就是要在诗中添加一些对宇宙中的微细物的观察，例如一片小的树叶、小草的茎秆、一滴水、一个神奇的星球上的一粒沙子。每一种强烈的反应都要在一些具体情况的发生中去进行检查，寻找原因。这在文学作品中可以有两种表现的方式，一是作者想要表现他自己对世界的认识，二是他通过对一种哲学思想、科学论述和常见的聪明才智的理解的批判，想要得出一个明智的结论。[1]

这里既有飞逝的和已经死去的东西，也有经过许多世纪、千年和亿万年依然长存的一切。一瞬间和恒久的相会，应当使像石头这样的坚硬之物感到无比的激动，使它那毫无生气的内里变得活跃起来。但是马加并不按这种人的一般的想法去思考问题，他感兴趣的并不是人们认为属于理智的东西，他想的和要表现的永远是人的光照之外的另一个世界：

> 那些粗糙的石头
>
> 近似于核心
>
> 抵达了真实的港口。
>
> 就是木质的肌肤
>
> 也闪动着宇宙的纹理
>
> 它是积木搭成的梯子。
>
> 白色的弧形铸成黄金

----

[1] 沃伊切赫·利根扎：《论维斯瓦娃·希姆博尔斯卡的诗，校对中的世界》，克拉科夫，2001年，第318页。

由方角堆砌的脊椎

　　时间变形成鸟的脖颈。

　　在光滑柔软的另一面

　　裸体坍塌睁大着瞳孔。

　　只有单一的颜色被礼赞[1]

　　这里对人和物的关系又发表了一些奇谈怪论，对一个生气勃勃的世界和宇宙的物质表现了一种陌生感。对一个人来说，一种 ter-atomorficzny 性质的变化是不可理解的，就像一个石头，对脉管中的血液流动和神经细胞的跳动毫无反应一样。这只是一个比喻，但却是一个很形象的比喻。说真的，在每一个空间，都可以去深入地了解那些细小的颗粒、原子和夸克[2]的难以想象的内部构造。把宇宙当成一个模式，既是封闭的但又开放，那些正敲着它的大门，想要了解它的意识觉得它很反常，因为这是一种思想和麻木不仁的相遇。希姆博尔斯卡和马加都认为，在不同的世界有不同的生活秩序和仪式，每一个世界都是封闭的，和别的世界隔绝，有它们规定的时间和已被区分的空间，除了这个空间，没有别的出路：

　　这个时代改变了你们的命运，

　　从此再没有过回头和犹豫。

　　不是圣徒，没有赤脚踏上荆棘，

　　但道路上仍留下了血迹。

----

　　[1]　引自吉狄马加的《巨子》。译者注。

　　[2]　一种假说的基本粒子。译者注。

看过那块被烧得通红的石头，

没有人知道铁铧的全部含义。

生与死相隔其实并不遥远，

他们一前一后紧紧相随。

你们的灵魂曾被火光照亮，

但在那无法看见的颜色深处，

也留下了疼痛，没有名字的伤口。

不用再为你们祈祷送魂，

那条白色的路就能引领，

这一生你们无愧于任何人。[1]

覆盖着雪的悬崖和人一样，不太知道它的体内是怎么样的，但是它好像又懂得，每个细小的东西，每一个"机构"都是属于一个不可想象的大的结构的整体。一样东西是不是像石头一样坚实并不重要，因为它照样可以飞起来，就像有什么从一样东西的内部飞了出来一样。在这个世界上，石头和万物的存在都是稀奇古怪的，既没有自己固定的号码，也没有固定的形状，它们都不能离开这个密封的大地、密封的行星，甚至密封的银河。这里的每一个空间的内部都不是秘密，对它们的外部因为没有进行研究，现在不能利

----

〔1〕 吉狄马加：《命运》。译者注。

用，在吉狄马加的一首十四行诗《墓前的白石》中说明了人的两重性：

墓的前面放着一块白石，
上面镌刻着你们的名字。
多么坚实厚重的石头，
还有我为你们写下的诗行。

从这里能看见整座城市，
生和死还在每时每刻地更替。
只有阳光那白银一般的舞蹈，
涌入了所有生命的窗口。

在目光所及更远的地方，
唯有山峰之间是一个缺口，
据说那是通向无限的路标。

亡灵长眠在宁静的山冈之上，
白色的石头在向活人低语：
死亡才刚结束，生命又开始疯狂。

所以死亡并没有把任何一个故事说完，就像诺苏人的神话和日常生活中永远可以见到的白色不会失去它的特性那样。死既不是终了，也不是开始，因为存在的本身就是一种循环，从一种意识到另一种意识，要充分表现历史的精华。米沃什在他的一部美学著作中，提到了一个被人遗忘了的观点，认为"抒情诗只能在年轻的时候写，如果我们生命的活力开始减退，就不能写了"。[1] 吉狄马加诗歌创作的倾向并不是这样，因为它并不依仗于某种文学创作的激素。由于他长年生发和积累的聪明才智，使他善于独立思考，马加无疑是一个文化诗人，他的文化知识首先是来源于关于宇宙起源的神话和永远流传的过渡仪式。在结束我们对他的创作的研究的时候，我们在这里还要引用他的一首诗，诗人表现了我们人类面对所有的宏伟目标的百般无奈，也表现他的大部落的百般无奈。虽然我们感到骄傲，因为我们有自己的目的，要完成自己的任务，但最后我们也不得不承认我们迷失了方向，不得不接受世界末日论的解决办法，一切都变成了虚无。

> 有人想从你的身后
>
> 去寻找那熟悉的背景
>
> 褐色的山，崎岖的路
>
> 有人想从你的身后
>
> 去寻找那沉重的和谐
>
> 远处的羊群，低矮的云朵
>
> 然而我知道
>
> 在滚动的车轮声中

----

〔1〕 切斯瓦夫·米沃什：《猎人的一年》，克拉科夫，2001 年，第 218 页。

当你吮吸贫血的阳光

却陷入了

从未有过的迷惘[1]

[1] 吉狄马加:《彝人》。译者注。